MW01172114

Gabriel J. Zanotti
CRISIS DE LA RAZÓN Y
CRISIS DE LA DEMOCRACIA

Gabriel J. Zanotti

CRISIS DE LA RAZÓN Y CRISIS DE LA DEMOCRACIA

(prólogo de Mario Šilar)

Episteme
Editorial

Clasificación:
320 – Ciencia política
Autor: Zanotti, Gabriel J.
Prólogo: Šilar, Mario
Título: Crisis de la razón y crisis de la democracia
Ed.: Guatemala: Editorial Episteme, 2014
Descripción: 110p.; 14x21 cm.
ISBN: 978-9929677029
Temas: Ciencia política; Filosofía política

Edición: Antón A. Toursinov
Diseño y diagramación: Luis Alejandro Ramos

© Gabriel J. Zanotti
© 2016, Editorial Episteme, Guatemala, C.A.
1ª edición, 2ª reimpresión

Todos los derechos reservados.
Se prohíbe la reproducción total o parcial de esta obra, por cualquier medio,
sin el consentimiento expreso del autor y/o editor.

ISBN: 978-9929677029

ÍNDICE

PRÓLOGO

MALESTAR SOCIAL EN TIEMPOS DE ESTADO DE BIENESTAR

Dudar del futuro del Estado de bienestar
es dudar del futuro de nuestra forma de vida.

Los esquemas político-económicos al uso suelen afirmar que el Estado de bienestar ha resultado esencial para vertebrar la convivencia social y potenciar el progreso económico. Además, el Estado de bienestar ha caracterizado contextos institucionales con gobiernos democráticos y economías de mercado, estas últimas fuertemente intervenidas por el poder gubernamental. Desde este marco conceptual, se arguye que el Estado de bienestar, allí donde se ha implementado, ha sido el mecanismo institucional que ha permitido acceder a cotas de estabilidad y prosperidad, especialmente durante las últimas seis décadas, nunca antes vistas en la historia de la humanidad.

El Estado de bienestar ha actuado inicialmente sobre cuatro frentes: ayudas en caso de paro o desempleo, ayudas en la vejez mediante la jubilación, y ayudas para limitar la desigualdad social y combatir la pobreza. Estos cuatro frentes se han erigido como criterios legitimadores de la regulación gubernamental de la economía.

Entrados ya en la segunda década del siglo XXI resulta innegable que el Estado de bienestar se enfrenta a problemas críticos: la crisis demográfica y las tensiones presupuestarias gubernamentales fruto del largo período de estancamiento económico, amenazan con implosionar la sostenibilidad del Estado de bienestar, al menos en el mediano plazo.

Sin embargo, más allá del debate sobre la *eficacia* del Estado de bienestar, es preciso hacer un análisis más sustantivo vinculado a su *legitimidad*. Aquí, la filosofía social juega un papel insoslayable. En efecto, la reflexión filosófica ofrece los instrumentos para analizar la vida social desde una óptica que mira más allá de los intereses coyunturales y lógicas cortoplacistas. También corresponde a la reflexión filosófica genuina ofrecer un análisis riguroso y crítico de lo que a menudo se asume casi como "lo dado". ¿Qué duda cabe que, desde hace un par de generaciones por lo menos, el Estado de bienestar conforma el horizonte vital de los ciudadanos occidentales? Parafraseando el Evangelio, se puede afirmar que en él –en el Estado de bienestar– "vivimos, nos movemos y existimos". En efecto, la presunta legitimidad del Estado de bienestar se erige en una especie de dogma de fe frente al que no cabe esgrimir dudas o críticas. Quien se atreva a cuestionar la legitimidad del Estado de bienestar será tildado de insolidario e individualista, cuando no de ser directamente un radical, un extremista e incluso un promotor de la aplicación de la ley de la selva para las sociedades humanas. Desde esta perspectiva pareciera que la desaparición del Estado de bienestar implicaría algo así como el diluvio o el fin del mundo social tal y como lo conocemos. Es cierto que no existe ámbito de la vida humana que no reciba la influencia de las diversas políticas públicas diseñadas al albur de concepciones maximalistas del Estado de bienestar. Prácticamente todos los ciudadanos, de un modo u otro, son o serán recipientes de algún programa público engendrado en el seno del Estado de bienestar. Se genera de este modo una red de transferencias cruzadas de difícil asimilación y que tiende a generar, en sociedades complejas y extensas, un entramado burocrático cada vez más voluminoso.

No se trata de negar el valor de la solidaridad en la vida social, ni de rechazar el proceso de institucionalización que se genera como consecuencia de operativizar este principio en sociedades extensas. Sin embargo, con el proceso de institucionalización de la solidaridad se ha producido algo similar pero inverso a lo que hace en la historia, según Hegel, la "astucia de la razón"[1]. En efecto, en el intento por ha-

---

[1] Hegel afirma que la Razón rige el mundo, por lo que el camino transitado por la historia es un camino racional en donde la sustancia de la historia es la razón. No obstante, Hegel introduce la expresión "astucia de la Razón" (*List der Vernunft*) para conciliar esta concepción de la historia concebida como despliegue de la Idea o de la Razón, con la presencia de procesos de irracionalidad que supondrían una especie de retroceso en

cer más efectiva la solidaridad, el hombre generó mecanismos burocráticos para la profesionalización de la gestión de la solidaridad. Sin embargo, la hipertrofia de estos mecanismos ha terminado por esmerilar el vigor de la solidaridad en la sociedad contemporánea, esclerosando la conciencia moral de los agentes, que terminan depositando en la quimera del Estado de bienestar la operatividad de los proyectos solidarios. En cierta medida se puede afirmar que la solidaridad o es personal o no es. En efecto, no se puede "forzar" la solidaridad ajena ni se puede ser solidario cooptando la libertad de los otros, para obtener bienes que serán redistribuidos "solidariamente". Este dilema constituye el núcleo central del problema de legitimidad que adolece el principio de solidaridad cuando es gestionado a través de marcos burocráticos y coercitivos.

Desenredar este nudo requiere la toma de distancia crítica y la visión sapiencial presente en una reflexión filosófica sólida. Los capítulos que integran *Crisis de la razón y crisis de la democracia* ofrecen intuiciones centrales de autores e ideas que permiten articular la vía de escape a este callejón sin salida presente en las sociedades democráticas contemporáneas. En efecto, creo que los autores y las interpretaciones ofrecidas a lo largo del texto constituyen los pilares centrales de un auténtico programa de investigación en sede de filosofía política, que permitiría redescubrir los valiosos aportes de la tradición liberal clásica, para la consolidación de sociedades integradas por personas libres, virtuosas y responsables. Se trata de una tarea tan necesaria como urgente. No cabe duda de que las sociedades modernas, especialmente la europea y la norteamericana, están sufriendo un progresivo proceso de infantilización y erosión de la responsabilidad personal de gran calado. No se puede seguir mirando para otro lado y pensar que no existe relación entre los cambios sociológicos y los marcos institucionales generados con la intención de consolidar

---

este proceso. Para Hegel, a pesar de que los seres individuales persigan a veces objetivos particulares que supondrían una involución del proceso de despliegue de la Idea o Razón, esta se saldría con la suya, reconduciendo esos aparentes retrocesos hacia una superación que confirmaría el desarrollo universal de la Razón. Algunos han relacionado la noción de "astucia de la razón" hegeliana con la noción de providencia en la teología cristiana. Véase, Marrades Millet, Julián, "Teología y astucia de la razón en Hegel", en *Diálogos*, vol. 31, n° 67, 1996, pp. 123-154.

el Estado de bienestar. La historia de los presuntos riesgos morales que supone la mercantilización de la vida humana ha sido profusamente estudiada por la sociología, la psicología social, la ética filosófica e incluso la teología moral (por ejemplo, en la Doctrina Social de la Iglesia). La historia de la corrupción y degradación moral que está generando el Estado de bienestar está todavía pendiente de ser escrita. Sería interesante que los grandes e influyentes pensadores de la actualidad asumieran este desafío. Si se animaran a hacerlo, sin duda, hallarían en la obra de Gabriel Zanotti las claves para iluminar ese camino.

Mario Šilar
Pamplona, septiembre 2016

INTRODUCCIÓN

El presente libro tiene su origen en unos humildes apuntes redactados con el fin de introducir a alumnos de post-grado a ciertos temas de la filosofía política contemporánea. Fue redactado en el primer semestre de 2004. Sin embargo, a medida que iba profundizando ciertos temas, me di cuenta de que, aunque el carácter del texto era introductorio, contenía una tesis que podía ser ofrecida perfectamente a los colegas filósofos preocupados por los grandes temas de la modernidad, la post-modernidad y la crisis de la democracia. La tesis central del libro radica en una presentación liberal clásica de la tesis central de la escuela de Frankfurt (Adorno, Horkheirmer). El diagnóstico de ellos en la década del 40 era que el proyecto emancipatorio de la Revolución Francesa había fracasado totalmente en Occidente, pues se había convertido en una mera racionalidad instrumental, alienante, que ellos identificaban con el desarrollo del capitalismo, a lo cual unían también la crisis de la democracia. Por ello su discípulo Habermas llama al rescate de la Modernidad por medio de una racionalidad dialógica, no alienante ("alienante", esto es, las estructuras de "dominio" que son fruto de la racionalidad instrumental).

A esa crisis de la razón occidental que, queriendo liberar, oprime, la llamaron ellos "Dialéctica de la Ilustración". Pues bien: la tesis sostenida en este libro es que si, que tienen razón, que hubo y hay en Occidente una forma de concebir la razón que condujo hacia el fracaso, y ese fracaso está totalmente relacionado con la crisis actual del sistema democrático. Pero esa crisis de la razón emancipatoria fue mejor denunciada por Hayek y su crítica al "Constructivismo", y el paso de una razón alienante a una razón dialógica fue mucho mejor hecho por P. Feyerabend y su proyecto de una "Nueva Ilustración".

A su vez, esta crisis de la razón tiene que ver con una forma de concebir la democracia que ha abandonado paulatinamente los humildes ideales liberales clásicos anglosajones, y ha convertido a los poderes ejecutivo y legislativos en monstruos burocráticos de redistribución masiva de bienes públicos, siendo ello la principal causa, no sólo de la crisis del sistema político, sino de la "racionalización del mundo de vida" denunciado por Habermas. De este modo, se ofrece también en este libro una síntesis de las propuestas de reforma institucional realizadas por Hayek y por Buchanan hace ya más de 30 años, propuestas que fueron pensadas para EEUU y Europa Occidental. Es mi humilde esperanza que los pensadores latinoamericanos, tan carentes de nuevos paradigmas orientadores en medio de sus recurrentes crisis institucionales, encuentren en esos autores y en esas propuestas una fuente de inspiración para adaptarlas a su propia situación. Ello se verá hacia el final del libro, donde creo que digo algunas cosas que puedan dar cierta esperanza también a la crisis política latinoamericana que a veces parece no tener ningún tipo de solución.

El libro, por ende, tiene esta curiosa dualidad. Por un lado mantiene su redacción original, con mínimos cambios, donde se puede advertir su finalidad sencillamente introductoria. Pero, por el otro lado, tiene esta tesis en cierto modo audaz, donde muestro que los autores liberales clásicos son un mejor instrumento intelectual para las denuncias que desde la escuela de Frankfurt fueron hechas para Occidente. Es mi esperanza que esto llama el debate y a la crítica de mis colegas. Pero es mi esperanza también mostrar que los males que tanto aquejan al mundo actual, desde la pobreza, la guerra, la crisis del sistema político, etc., no son catástrofes naturales, sino resultados de un modo de interpretar y concebir el mundo social que no necesariamente tiene que quedar fijo en nuestra mente cual inmutable paradigma. Es posible reconfigurar nuestra interpretación del mundo, y desde allí, lograr humildes pero importantes modificaciones. Y esa es también la humilde pero importante tarea del filósofo.

Gabriel J. Zanotti,
Buenos Aires, septiembre de 2006.

NOTA PARA LA PRESENTE EDICIÓN

Han pasado ya unos seis años desde que este texto tuviera una pre-publicación como documento de trabajo en la Universidad del Cema; nunca fue publicado como libro y es un honor para mí esta publicación en la Editorial Episteme. No voy a agregar nada a la introducción, que el lector puede leer y que explica el sentido del libro. Simplemente, la cuestión es: frente a los últimos aconteci-mientos, sobre todo en América Latina, ¿vale la pena seguir insis-tiendo en un diagnóstico sobre la crisis de la democracia y una pro-puesta de solución, basada en Hayek y Buchanan? Una respuesta sería el desaliento, y no sería irrazonable.

Otra respuesta sería un optimismo sin fundamento, diciendo "ahora sí" vamos a solucionar las cosas. Pero no. La cuestión no consiste en incurrir nuevamente en ingenuos racionalismos según los cuales "ahora la gente va a entender", y entonces solucionare-mos nuestras crisis políticas y económicas. Las sociedades, si cam-bian, lo hacen lenta y evolutivamente, y las masas difícilmente pueden ser el destinatario de un mensaje que precisamente apunta a eliminar el estado benefactor del cual se han hecho irracional-mente adictas. No: si hay un cambio evolutivo, será porque nuevas generaciones, a pesar de los paradigmas dominantes, han logrado entender a ciertos autores y pueden ayudar a la implementación de ciertos cambios, adaptando propuestas universales a circuns-tancias específicas. Pero ello también es muy difícil. La naturaleza humana tiene un lado hobbesiano, y, finalmente, la historia de la humanidad parece ser la triste sucesión de imperios y poderes ili-mitados, con la tiranía y pobreza constantes como obvia conse-cuencia. En medio de ello, el surgimiento de instituciones liberales clásicas de tipo constitucional, la sola redacción de algo como "*We hold these truths to be self-evident: that all men are created equal; that they are endowed by their Creator with certain unalienable rights*" (Jefferson) parece ser un milagro en medio de un océano histórico de opresión y crueldad. Pero ese "milagro" fue evolutivo también;

pudo ser escrito porque muchos pensadores no cejaron en su empeño de ir desentrañando las exigencias éticas de la dignidad humana.

¿Qué quiero decir con esto? Que el liberalismo clásico al cual nos referimos, como ideal regulativo, como norte de nuestras acciones concretas, es una especie de contrapeso de la historia, un cierto super-yo civilizatorio que compensa la tendencia hobbesiana a los imperios autoritarios de toda la historia. Por eso vale la pena insistir. No porque vayamos a estar necesariamente mejor, sino porque, si el mundo NO termina en un totalitarismo absoluto, es que con las ideas y su puesta por escrito estamos logrando compensar lentamente al ogro dominante de la historia, ese *homo homini lupus* al cual decimos y diremos permanentemente "no".

Gabriel J. Zanotti
Buenos Aires, agosto de 2014.

CAPÍTULO UNO:

SANTO TOMÁS DE AQUINO Y LA MODERNIDAD

Es habitualmente desconocido que Hayek considera al concepto de ley natural de los escolásticos como uno de momentos clave en la evolución de la idea de limitación al poder, esa idea tan especial que da forma de algún modo a nuestras reflexiones. Ahora bien, ¿por qué un autor no creyente como Hayek hace esta apreciación? ¿Qué había de especial allí? Esta pregunta es relevante porque, en el caso de Santo Tomás, a quien tomaremos como autor modelo para este tema, no había nada especial que se saliera de su contexto histórico, esto es, el s. XIII, en pleno feudalismo. Por supuesto que el feudalismo ya implicaba un poder dividido entre el Papa, el Emperador, reyes y señores, pero creo que fracasarían los intentos de leer directamente en Santo Tomás la idea de derechos individuales frente al poder.

Pero el caso es que lo interesante de Santo Tomás no es eso, sino la idea misma de ley natural, que tres siglos después podrá evolucionar hacia esa idea de limitación del poder. Además, aunque pueda resultar asombroso, es nuestra intención mostrar que el desarrollo de la idea de ley natural en Santo Tomás es lo suficientemente amplia como para que comencemos a pensar en una ética política que incluya las cuestiones económicas con las que vamos a terminar el curso. Tres son los elementos que queremos destacar en ese sentido.

1. Relación con la Modernidad

Santo Tomás, como dijimos, no se sale de su contexto cristiano-feudal. No es un revolucionario ni un adelantado a su tiempo en temas políticos. Sin embargo, su filosofía y teología contiene tres elementos que son un puente teorético con la Modernidad política, entendida como la emergencia de la idea de derechos individuales frente al poder.

1.1. La idea de ley natural. Santo Tomás concibe un universo ordenado, creado tal por Dios. Dios crea las cosas, cuyas operaciones y movimientos específicos dependen de su naturaleza, de su forma de ser, creada por Dios. El tigre corre a la gacela porque su naturaleza así lo determina.

El tigre no es un simple títere movido por Dios, es un ser viviente que se mueve según su propia naturaleza, creada tal por Dios. Esto permite a Santo Tomás razonar en dos caminos: de las criaturas a Dios y de Dios a las criaturas. Si preguntamos por qué el tigre corre a la gacela, y contestamos, sencillamente, porque es un tigre, es una perfecta respuesta para Santo Tomás. Si contestamos, a su vez, porque Dios ha puesto en él esa naturaleza, esa es otra perfecta respuesta para Santo Tomás.

El ser humano, claro está, tiene una naturaleza más plástica. Está bien que también corremos detrás de muchas cosas, pero además de nuestras facultades vegetativas y sensitivas, tenemos inteligencia y voluntad. Ese despliegue tripartito de facultades le permite decir a Santo Tomás que el despliegue de la ley natural en el hombre se realiza a través de sus tres inclinaciones naturales: a conservar su vida, a unirse con el otro sexo y, según sus propias palabras, "conocer la verdad sobre Dios y vivir en sociedad", que correspondería a la parte racional[2].

Nada de esto hacía suponer, aún, la idea de "derechos". Santo Tomás era un fraile medieval, estaba pensando en virtudes humanas, que implican deberes. No estaba pensando en recursos de apelación ante una Suprema Corte.

Sin embargo, una idea muy importante queda flotando: hay deberes "natural es" de justicia. Y, entre ellos, esta sencilla pregunta: ¿cómo "debo" tratar *al otro*? Y una sencilla respuesta: pues conforme a su propia naturaleza. Esta "sencilla" pregunta y respuesta queda "flotando" en medio de la complicadísima historia política del renacimiento hasta que dos jesuitas (Francisco Suárez y Luis de Molina) y un dominico (Francisco de Vitoria), en el s. XVI, se preguntan: ¿puede el rey tratar a sus súbditos (aún no se

---

[2] Ver al respecto su famosa *Suma Teológica*, I-II, Q. 94, a 2c.

hablaba de ciudadano) de cualquier manera? Y contestan: no. No estoy diciendo que hayan leído eso directamente en Santo Tomás, pero que hay una analogía, creo que es claro. Como es claro que la circunstancia política había cambiado. Esa es una de las virtualidades del pensamiento de Santo Tomás: su aplicabilidad a circunstancias diferentes, sobre la base de la noción de persona humana como criatura racional. J. Maritain, en el s. XX, hará lo mismo[3].

1.2. La distinción entre lo natural y lo sobrenatural. Este tema es teológico, pero aplicado a las relaciones entre la Iglesia y el poder temporal, tiene consecuencias sorprendentes. Lo sobrenatural es lo que corresponde al ámbito de la gracia de Dios, y para un fraile católico como Tomás, la Iglesia está en ese ámbito. El "príncipe", en cambio, no: se ocupara de cuestiones "temporales", de la administración del reino o del feudo. Todos sabemos, claro está, que en s. XIII la Iglesia y lo temporal (en los reinos musulmanes pasaba lo mismo) estaban históricamente muy unidos, pero la distinción entre la Iglesia y lo temporal es algo que permite hablar de una legítima autonomía del poder temporal, dentro de su propio ámbito. Esta idea, que como sabemos será clave en la modernidad futura, estaba ya contemplada, dentro de sus limitaciones históricas, en la distinción entre la Iglesia y el poder temporal.

1.3. Lo mismo ocurre con la distinción entre razón y fe, que también deriva de la distinción entre lo natural y lo sobrenatural. El ámbito de la razón no era para Santo Tomás precisamente pequeño o menos aún despreciable.

No debemos olvidar que Santo Tomás introduce en su tiempo, como un ámbito propio de la razón, gran parte de la sabiduría aristotélica que hasta entonces parecía ser "monopolio" exclusivo de los musulmanes. La física, la matemática y la metafísica de Aristóteles quedan desde Santo Tomás incorporadas a la tradición cristiana como un ámbito de legítima autonomía de la razón. Por más que los contenidos puedan cambiar, sobre todo en física y matemática, lo importante es la actitud, pues eso favorecerá la distinción y el diálogo entre teología, filosofía y ciencia.

---

[3] Me refiero a su obra *Humanismo integral* (1966).

2. Distinción entre preceptos primarios y secundarios de la ley natural

Lejos de ser la ley natural una cosa unívoca e invariable –como algunos la han interpretado- el desarrollo de la idea de "ley" en la Suma Teológica presenta una plasticidad verdaderamente singular. Santo Tomás es pregunta si los preceptos de la ley natural son muchos o son sólo uno. Responde: es uno (haz el bien y evita el mal) que se despliega en tres, a saber, esos tres ámbitos de la naturaleza humana: lo vegetativo, lo sensitivo y lo racional. Ahora bien, hay cosas "evidentemente" relacionadas con esos tres ámbitos, y otras cuestiones, en cambio, que necesitan "premisas adicionales" para que estén relacionadas con esa misma naturaleza humana. No demos ejemplos porque no es eso lo que nos interesa, sino la distinción.

Santo Tomás se da cuenta de que hay cosas que son buenas de modo muy evidente (demos un ejemplo, al menos: no ahogar en una piscina a un niñito recién nacido) y otras "no tanto", que necesitan la mediación de razonamientos adicionales, y que por ende no son tan universales como las cosas más evidentes. Tomás llama preceptos primarios a los más evidentes, y secundarios a los que implican razonamientos adicionales[4]. Los preceptos secundarios son más variables y presentan excepciones.

Si el lector ve a esta distinción como algo que no es "exacto", bien, ese es el punto que nos interesa destacar. Porque esta plasticidad en la noción de ley natural implica cierta compatibilidad con una evolución histórica en la noción de ley natural, plenamente adaptable a esa evolución de la noción de poder limitado que Hayek ve en la historia de Occidente, como dijimos en la clase uno. Por supuesto que para Santo Tomás había cosas que no podían cambiar. Pero para ello no tenía sólo su razón, sino también su fe y su suprema corte, que era el Papa.

Lo interesante, desde un punto de vista político, es que esta idea de preceptos secundarios, más evolutivos y en cierto sentido circunstanciales, no es una idea racionalista o "planificadora" del

---

[4] I-II, Q. 94, a. 4 y 5.

orden social, sino que puede incorporar una evolución de las instituciones sociales por ensayo y error, compatible con esa idea de "orden espontáneo" que después veremos en Hayek.

Pero hay otra cosa. Santo Tomás también dice, cuando contesta una delicada pregunta sobre la propiedad, que esa cuestión y tantas otras son *"adinventiones"*, ensayos humanos, útiles, no incompatibles con los preceptos primarios de la ley natural. Esa incorporación de *cierta utilidad* a la hora de desplegar racionalmente los preceptos secundarios –que Hayek señala como una utilidad "no racionalista" junto con Hume - es sumamente importante ante los debates contemporáneos que a veces contraponen ética *con eficiencia*. Y, sobre todo, esto es sumamente importante para *incorporar lo que la economía actual nos dice, en las decisiones éticas*.

Ello no es incompatible con la noción de propiedad que hay en Santo Tomás, que, aunque ligada conceptualmente al feudalismo de su tiempo, *no* es incompatible con la ley natural precisamente *porque es útil*. Téngase esto en cuenta para las implicaciones éticas que tiene un tema como la imposibilidad del cálculo económico según Mises o el conocimiento proporcionado por el sistema de precios según Hayek.

3. Ley natural y ley humana

Otra cuestión habitualmente olvidada en el tratamiento de este tema es la distinción que Santo Tomás hace entre ley humana y ley natural, y, sobre todo, en el alcance de la primera respecto a la segunda. Tiene un párrafo muy claro al respecto que puede citarse directamente:

La ley humana se establece para una multitud de hombres, en la cual la mayor parte no son hombres perfectos en la virtud. Y así la ley humana no prohíbe todos los vicios, de los que se abstiene un hombre virtuoso; sino sólo se prohíben los más graves, de los cuales es más posible abstenerse a la mayor parte de los hombres, especialmente aquellas cosas que son para el perjuicio de los demás, sin cuya prohibición la sociedad no se podría conservar, como son los homicidios, hurtos, y otros vicios semejantes[5].

Vemos allí no sólo reiterada esa noción de lo útil para la sociedad, sino la aclaración de que la ley humana, aunque deba ser no contradictoria con la ley natural, no debe llegar a reprimir todos los defectos humanos, porque dada la naturaleza humana sería contraproducente. Esa idea de tolerancia de la ley humana, plenamente presente, como vemos, en la noción de le y humana de Santo Tomás, tiene también mucha importancia en la constitución de un orden político.

Otra vez, hagamos abstracción de las circunstancias histórica s, pues es obvio que en el s. XIII no se toleraban cosas que nosotros consideramos obviamente libres (como contraposición, se toleraban cosas que el moderno occidente industrializado no tolera: usted no estaba obligado a estudiar ciencia, no había medicina legal o ilegal, no había pasaportes, visas ni seguro social obligatorio.

Pregunto, no en broma: ¿evolución o involución?). Lo importante es que, una vez llegado s el s. XVI y XVII, con una mayor toma de conciencia entre la distinción entre Iglesia y estado, cuestiones tales como libertad religiosa y derecho a la intimidad se presentan asombrosamente compatibles con esta noción de tolerancia, *intrínseca, no histórica o accidental*, a la noción de ley humana presente en Santo Tomás de Aquino.

4. Conclusión

Si la escolástica en general y Santo Tomás de Aquino en particular son un paso evolutivo importante en la teoría y praxis de la limitación del poder y los derechos individuales, no lo son precisamente porque en ellos encontremos *directamente* esas nociones, sino porque la filosofía y teología por ellos desarrollada tienen virtualidades valiosas, que *en sí mismas* favorecen el desarrollo de esas ideas, aunque históricamente no hayan hecho eclosión en ese

---

[5] I-II, Q. 96, a. 2.

momento. La historia humana no es una historia de blancos y negros, de épocas oscuras o luminosas: es una evolución lenta y paulatina, entrecortada por atroces retrocesos[6]. Lo importante es distinguir qué autores y corrientes de pensamiento forman parte de la evolución del estado de derecho, dentro de sus imperfecciones y limitaciones. Limitaciones que no se acaban nunca. El liberalismo clásico no es el final de la historia. Es apenas otro paso en la permanente búsqueda del respeto al otro, permanente búsqueda que nos dispara siempre hacia horizontes desconocidos.

---

[6] Ver al respecto *La filosofía de la historia* de J. Maritain (1985).

CAPÍTULO DOS:

EL SURGIMIENTO DEL ESTADO-NACIÓN EN EL S. XVIII

Hasta ahora hemos visto que las raíces clásicas medievales fueron un paso evolutivo en el surgimiento de lo que llamamos globalmente "modernidad". La modernidad había sido caracterizada como un paso más en la autonomía y diferencia de competencias entre Iglesia y poder temporal, como una mayor toma de conciencia en los derechos personales que surgen de la ley natural y como una mayor distinción entre filosofía y ciencia.

Sin embargo, los agitados siglos XVII y XVIII no se caracterizan precisamente por una fácil clasificación de sus autores y corrientes de pensamiento. Con mucho riesgo de errar, podríamos decir que J. Locke, Montesquieu, Tocqueville, Burke, Acton y los constitucionalistas norteamericanos se encontraban más cercanos a ese ideal evolutivo de las raíces clásicas medievales a las que hemos hecho referencia. Pero de modo muy mezclado con todo lo anterior, un modo sumamente racionalista de concebir la vida política, que podríamos llamar modernidad ilustrada, emerge con fuerza, sobre todo en la justificación de los ideales de la revolución francesa.

Hay que tener en cuenta que la justificación del poder político sufre los vaivenes de las crisis filosóficas. Esa concepción "metafísica" de la ley natural, que aún se puede ver en un autor como J. Locke, o en la declaración de Independencia de los EEUU, no es la que domina los movimientos emancipadores de la Europa del s. XVIII. Esa metafísica había entrado en crisis. Primero con la crítica de Hume, que convierte a este último en un agnóstico en lo que a valores absolutos se refiera, pero, con una sabiduría vital muy práctica, salva la situación recurriendo a la idea de tradición, y de una tradición evolutiva, dando origen a una idea de orden espontáneo que veremos después en Hayek.

La otra crítica que sufre la metafísica es en manos del gran pensador alemán I. Kant. Vamos a detenernos un poco en esto, porque sencillamente la historia de la política tiene mucho que ver con la historia de la filosofía.

Si no fuera por un ejemplo muy cotidiano, sería imposible que intentáramos resumir la teoría del conocimiento de Kant. Pero ese ejemplo cotidiano es la computadora. Uno no escribe en la pantalla una palabra y ésta aparece escrita sin ningún proceso en el medio. "Antes" (a priori) de que usted escriba, la computadora tiene un procesador que elabora los "datos" (input) que le vienen por el teclado, los re-organiza y los convierte en algo legible, entendible, (output) que es lo que usted lee en la pantalla. Quiere decir que cuando usted abre el *word*, la pantalla está "en blanco", pero la computadora no.

De igual modo, dado el debate que Kant tiene con el racionalismo y el empirismo de su época[7], él considera que, antes de los datos que recibe de los sentidos, toda inteligencia humana (veremos después la importancia de ese "toda") tiene una serie de "categorías ordenadoras", que le permiten ordenar la información sensible y convertirla en conocimiento. Por ende, todo conocimiento humano que diga algo sobre el "mundo externo" implica la conjunción de esas categorías a priori más los datos de la sensibilidad. El ejemplo de ello es, para Kant, la física de Newton, que es para él lo único digno de ser llamado ciencia.

La metafísica, que en pensadores como Descartes o Leibniz (s. XII y XVII) era la ciencia principal, en Kant deja de ser ciencia. Es algo muy respetable, pero es fe, no ciencia. El mundo ya no puede ser organizado a partir de la fe, sino a partir de la ciencia, que a partir de entonces pasa a ser "lo racional". Si usted nota que le parecen razonables estas posiciones kantianas, es un síntoma de la gran influencia cultural que estas ideas han dejado en Occidente. Yo creo que la metafísica también es una ciencia racional, muy especial, pero desarrollar ese tema nos aleja de los objetivos de esta

---

[7] Ver Marías, J, (1943).

clase. El mundo tiene que organizarse "científicamente". L as consecuencias políticas de esta cuestión son muy importantes, sobre todo para entender cierta exaltación de la razón humana, opuesta a la religión de antaño, que acompaña a la "construcción" de las repúblicas democráticas europeas después de la revolución francesa. Intentos fallidos, en cierta medida, interrumpidas por monarquías o emperadores absolutos, pero siempre acompañados de la idea de una construcción racional del poder. Veamos esto un poco más.

Kant, entre sus muchos escritos, tiene uno muy corto, pero muy importante para la historia de la filosofía y muy audaz para la época. Se trata de "Qué es la ilustración" (ver bibliografía), del cual voy a intentar ofrecer un falible resumen. La ilustración es que cada persona suma su propia madurez. Y asumir la madurez es tomar las propias decisiones respecto a lo que las iglesias nos enseñan. Obvio, dirán muchos. Claro, obvio en un tiempo, como el nuestro, en el cual muchos, aunque no todos, interpretan esto como la libertad religiosa, que consiste en no imponer la religión por la fuerza. Obvio.

Pero el texto kantiano podría interpretarse, si lo siguen leyendo, como algo más. Como una especie de liberación de supersticiones anteriores, como una especie de oposición entre fe y política, para poder ahora construir racionalmente el camino hacia una paz democrática que estaría intrínsecamente impedido por la fe religiosa.

Esto es: ante el "oscurantismo" medieval anterior, la razón, ahora, es la emancipación del hombre. Lo que antes era la fe, ahora lo es la razón. La razón guiará a la humanidad hacia el camino de su redención, de su salvación, liberación. Liberación, no de un pecado entendido de modo sobrenatural, sino liberación de la ignorancia, de la superstición, de las guerras religiosas, del desconocimiento de las ciencias.

Kant se siente testigo y protagonista, en ese sentido, de dos revoluciones. Una, la revolución científica, lograda por Newton. Otra, la revolución francesa, encabezad a tal vez por los enciclopedistas franceses y por Rousseau. Nunca serán demasiadas las veces que insistamos en la importancia de estos dos procesos culturales que forman parte de nuestra cosmovisión presente de las cosas. La ciencia podrá no ser infalible, a la democracia tendrá sus problemas, pero siguen siendo los *ideales* típicos de Occidente, unificados en casi un solo modo de pensar, que abarca a lo social y a lo natural: el método científico. Por supuesto, de vez en cuando escucharán hablar ustedes de los post "- modernos", filósofos que, con mayor o menor coherencia, dicen que todo eso falló definitivamente.... Pero a eso volveremos más adelante.

La cuestión es que a partir del s. XVIII la razón, igualada a la ciencia (la razón era en San Agustín, por ejemplo, otra cosa) será la guía de la humanidad y de la acción política. De allí se desprenden ciertas consecuencias que se dan sobre todo en el s. XIX y que explican gran parte de las características del mundo actual.

1. Con la excepción de los EEUU (excepción nada despreciable, por cierto, y a la que volveremos después) las repúblicas democráticas de los s. XVIII y XIX (también algunas de comienzos del XX) se establecen con cierto fervor antirreligioso. Esto influye en Europa y también en las ex colonias españolas. Las repúblicas en Francia, el "resurgimiento" en Italia, y casos como México, Uruguay y los primeros intentos de organización política de Argentina tienen a la religión y particularmente a la Iglesia de Roma como enemigo principal. Inglaterra tiene en cambio una iglesia de estado, pero es la anglicana, y el enfrentamiento con Roma es el mismo[8].

2. Se producen, sobre todo en Francia, las primeras codificaciones legislativas que tanto han influenciado el derecho positivo en las ex colonias españolas. Ello no sucedía en Inglaterra y EEUU, que se regían por el sistema de *common law*, esto es, derecho consuetudinario, no racionalmente planificado. Veremos después la importancia que Hayek da a esta distinción.

3. Se expande el colonialismo como sistema de "educación" y "expansión de la civilización", por parte de ciertas potencias europeas como Inglaterra, Francia, etc. El colonialismo no es nuevo,

---

[8] Sobre esta cuestión, ver Hayek, F. A. von: *El liberalismo* (1981), punto 4.

claro; la diferencia es que ahora lo que expande no es la fe, sino la ciencia y la razón.

4. Se expanden los sistemas de educación obligatoria, por parte del estado, educando en las ciencias, sobre todo, y con una fuerte impronta laical, no religiosa. Se unifican las lenguas locales en la lengua "nacional". Los sistemas de educación primaria, "gratuita" y obligatoria se consideran concomitantes con una república democrática. Los casos del resurgimiento italiano magníficamente (retratado en la obra "Corazón" de D'Amicis) y de la educación primaria argentina (a partir de 1875 y 1884) son casos típicos al respecto[9].

5. Los gobiernos "científicos" toman también a su cargo la salud "pública". Se tienden caminos, puentes, se higienizan las aguas, se reglamenta el ejercicio de la medicina...

Quisiera que el lector repare en la analogía "religiosa" de los puntos 3, 4 y 5. Antes, era el "id y bautizad en nombre de..." Ahora es "id y educad en la razón", con el mismo fervor, con la misma convicción, con la misma *obligatoriedad*. El colonialismo del s. XIX es un buen ejemplo de "proteccionismo" científico. Se supone hay que salvar y proteger a los pueblos indígenas e incivilizados de su ignorancia. Las colonias son justificadas como buenas porque se las considera factor de civilización. La educación, lo mismo. Antes, la educación en la fe, ahora, en la ciencia. ¿Cómo va a usted "dejar" que alguien no sepa lecto-escritura, física, matemática? Con la salud, lo mismo. "Salud" viene de la misma palabra latina: *salus*, salvación. Antes era salvación del alma, ahora, del cuerpo. Los gobiernos van a cuidar que usted salve su cuerpo, según la ciencia. Le van a distinguir entre medicina legal e ilegal, le van a dar información nutricional sobre ciertas sustancias y le van a impedir consumir otras.

En todo esto no hubo ni hay ningún tipo de relativismo cultural, que tal vez hoy en día está más de moda. La civilización occidental es vista por la ilustración del s. XVIII como la mejor. La democracia y la ciencia son el triunfo de "la" humanidad. Kant no

---

[9] Ver al respecto Zanotti, Luis J., (1971).

admitiría que diversos pueblos piensan "distinto". Las categorías a priori son las mismas para todos los seres humanos. Los pueblos "no civilizados" deben ser, por consiguiente, educados en el uso de categorías de pensamiento que le son inherentes. Esa unificación y obligatoriedad de los gobiernos occidentales que se expanden tienen plena coherencia filosófica con la orientación científica y filosófica de la Europa del s. XVIII.

En última instancia, lo que surge en todo esto es el "estado-nación" típicamente europeo, como unidad de acción política en el s. XVIII.... Surgen las banderas, los himnos nacionales, los documentos, los pasaportes, las visas... Pero ¿es lo mismo el estado que la nación? Pregunta interesante...

Por supuesto, una de las guías unificadoras de este libro será la pregunta, y una eventual respuesta, de si algo falló en todo esto, qué es lo que falló, y su aún se puede remediar. Por lo pronto, si el lector piensa en circunstancias actuales que le hacen recordar mucho de lo explicado, es que sencillamente no estamos hablando de los egipcios, sino de un s. XVIII que forma parte *de nuestro presente*.[10] La globalización, la Unión Europea, los problemas de los EEUU, el choque entre Occidente y el islam (el islamismo, ¿es oriental u occidental? Pregunto.), los dramáticos problemas de ex colonias que no terminan de vivir en paz, españolas inclusive....

Pero antes de concluir esta clase, una reflexión final, válida también para la próxima clase. Podemos preguntarnos qué falló, intentar corregirlo (no nosotros, claro, sino con la ayuda de autores que han meditado sobre la cuestión), hacer ciertas críticas.... Pero hay cierto legado de Kant que es perenne y que Occidente no puede abandonar. Su ideal de dignidad humana (no igual a la cristiana, pero tampoco absolutamente contradictoria[11]); su ideal de una sociedad viviendo en paz perpetua, respetando los derechos del hombre...

Puede ser que no se logre nunca, pero es u n "ideal regulativo" de la acción política, ideal que puede poner en común (y esto es

---

[10] Eso no quiere decir que la civilización egipcia no tenga nada que ver con la nuestra. Estamos simplemente dando ejemplos de mayor o menos cercanía.

[11] Ver en ese sentido Wojtyla, K., (1994).

importante decirlo hoy) a cristianos, musulmanes, judíos, religiosos orientales, asiático y agnósticos. Las culturas serán todas diferentes, pero los seres humanos tienen *algo* en lo que se pueden unificar y comunicar. Ese algo también será objeto de las preocupaciones de este libro.

CAPÍTULO TRES:

LA ÉTICA KANTIANA Y SU ACOMPAÑAMIENTO DE LAS CREENCIAS POLÍTICAS DEL ILUMINISMO

Como dijimos en el capítulo anterior, muchas características del mundo contemporáneo se entienden después de las transformaciones filosóficas de los siglos XVII y XVIII. Entre ellas, debemos ver un segundo aspecto del racionalismo "iluminista" que se ve en Kant. Me refiero a su ética.

Como dijimos, después de Hume y Kant, la metafísica tradicional, esa metafísica que en Santo Tomás fundamenta la ley natural y que sobrevive aún en autores como J. Locke, es dejada de lado. Es dejada de lado abandonando sobre todo el aspecto religioso de la ley natural. Los estados deben organizarse "racionalmente", sin religión, aunque ya hemos visto que en el s. XVIII, "racionalmente" es igual a "científicamente".

Ahora bien, cuando la sociedad debe organizarse "así", la salida de Hume es una salida muy particular y es seguida en cierto modo por Hayek. No tenemos una ley natural de tipo religioso, pero tenemos usos y costumbres sociales de tipo evolutivo, cuya utilidad da legitimidad a cierta forma de gobierno. Volveremos a esto más adelante.

Otra salida, típica, pero que no gusta a Hume, ni tampoco a Hayek, son las conocidas teorías del contrato social. La de Hobbes, siglo XVII, que afirma que las personas pactan la elección de un poder absoluto como única forma de mantener la paz. Más o menos como si a usted ahora le preguntaran: ¿de quién prefiere ser súbdito? ¿De Bush y sus marines o de Castro y su comunista isla?

Otra es la de J. Locke, pero esta era más conforma con una idea de ley natural. Por ley natural las personas viven en sociedad respetando sus derechos (pacto de unión). Pero por un pacto de sujeción deciden ceder su derecho de autodefensa a un poder ejecutivo (el rey). Esta fundamentación del poder del Rey pareció muy racionalista a Hume, quien la rechazó.

Otra salida es Rousseau. Un contrato social dará la soberanía al pueblo, quien de ese modo sustituirá a la soberanía absoluta de un rey unido de la religión. Pero esto de la soberanía del pueblo parece ser la sustitución del poder absoluto del rey por el poder absoluto de las mayorías. Hayek ve en esta teoría un punto clave en la *in*volución de la idea de poder limitado. Ya veremos por qué.

Otra salida, más adelante en el tiempo, fue cierto criterio racionalista de utilidad social. La sociedad debe organizarse según la razón pueda calcular cuál es la mayor felicidad para el mayor número. Se afirma generalmente que J. Bentham tiene esta posición (s. XIX).

Pero poco de lo que hemos reseñado hasta el momento es Kant. Porque a Kant no le agrada cierto "relativismo" que ve en las éticas que siguen a la caída de la metafísica que fundamenta la ley natural. Él quiere una ética igualmente absoluta que la ley natural dependiente de la metafísica, pero... Sin metafísica, ¿y cómo lo logra?

Recordemos que en la teoría del conocimiento de Kant hay una parte material y otra parte formal. Las categorías a priori son formales en cuanto que ordenan la "materia" que proviene de los sentidos, materia que sería ininteligible sin la ordenación de las categorías (casi igual que su computadora, que no "entiende" lo que usted pone en el teclado si no tiene un programa funcionando). Él va a repetir el mismo esquema para la ética. Quiere normas que sean "absolutas" precisamente porque no son contenidos "específicos", sino la "forma" que los contiene a todos.

Por eso él distingue entre imperativos categóricos e hipotéticos. Los segundos están sometidos a una condición. Los usamos cotidianamente. Si quiero pasar el examen, tengo que estudiar. Tener que estudiar no es absoluto: es un mandato sometido a una condición, a saber, pasar el examen. Si no quiero pasar el examen, no hay mandato.

Un imperativo categórico, en cambio, debería decir "debes estudiar", sin condiciones. Pero, claro, siempre hay condiciones. Excepto que.... El mandato no diga nada en particular, sino que sea una especie de "continente" que contenga a todos los "contenidos", una forma que contenga a todas las normas de la moral sin afirmar ninguna en particular.

Y eso es el imperativo categórico en Kant. Categórico porque es absoluto. Y lo que dice es: obra de tal modo que tu conducta sea ejemplo de norma universal. Esto es, obra de tal modo que tu conducta no admita excepciones. Si vas a decir la verdad, dila, pero entonces no mientas nunca….

La segunda formulación del imperativo categórico es un poco más concreta. Dice: trata siempre a los seres humanos como fines y no como medios. Es la afirmación de la dignidad que se le debe a todo ser humano, es la radical afirmación de su autonomía moral y su no-dependencia de la voluntad arbitraria de los demás.

Todo lo cual se resume en: haz el deber por el deber mismo. Nunca mires los resultados de tu conducta, eso no es moral. Lo moral es hacer lo que se debe hacer sencillamente porque se debe hacer. Si esto parece muy "absoluto", bien, ese es el resultado que Kant buscaba. Es el único caso de una moral "absoluta" sin fundamento metafísico.

Pero ¿qué resultados tiene esto en el orden político y social?

Primero. Recordemos que Kant se siente testigo de dos revoluciones. La francesa y la newtoniana. En la francesa se habla de los derechos del hombre y del ciudadano.

Pero ¿qué fundamento tienen esos derechos? ¿Que esos derechos sean útiles? Ah, entonces no son absolutos, sino relativos a su utilidad. Y eso no puede ser para Kant. Los derechos tienen que ser absolutos. Fundamentados, por ende, en el imperativo categórico. Trata a todos los seres humanos como fin y no como medio. Eso fundamenta absolutamente sus derechos. Los derechos individuales, eje central del pensamiento de Kant, son absolutos, sin excepciones.

Algunos han criticado a Kant, ya por muy racionalista, ya por sus elogios a Rousseau, pero no se puede decir que influye en algo en ningún tipo de totalitarismo. Todo lo contrario. La pregunta que se puede hacer es si este pensamiento no se relaciona indirectamente con ese racionalismo constructivista criticado por Hayek. Es una pregunta siempre abierta y difícil de responder.

Segundo. Como ya dijimos, este pensamiento estimula cierta autoconciencia de superioridad occidental que anima una especie de "paradójica religión racionalista" que marca la conducta expansiva de los estados-nación s urgidos a partir del s. XVIII. Este es un debate totalmente actual. ¿Son las culturas diversas igualmente valiosas? ¿Y si Bush decidiera ahora ir con sus marines a ciertos lugares e impedir por la fuerza que las mujeres sean mutiladas de nacimiento por ciertas costumbres religiosas? Sé que esta pregunta dividirá las opiniones de los lectores... De bate abierto.

Tercero. A partir de Kant, todas las visiones éticas se dividen en deontologistas y consecuencialistas. Estas últimas son las que fundamentan la moral, y especialmente la moral política, en las consecuencias de las acciones. Cuando L. von Mises dice que lo bueno es aquello que aumenta los lazos de la cooperación social[12], ese es un modo consecuencialista de pensar. Pero otros autores afirman que una concepción de lo "correcto", independiente de su utilidad, debería ser la base de todo proyecto político. Ese es el caso de autores tan diversos como Rothbard o Rawls, que, aunque totalmente libertario el primero, y socialdemócrata el segundo, están de acuerdo en que los derechos de los individuos no tienen nada que ver con su utilidad. Lo veremos más adelante.

Cuarto. Esto marca también la distinción que M. Weber hace entre éticas de la responsabilidad y éticas de la convicción[13]. Las primeras son las de aquellos que están acostumbrados a tomar decisiones. Es la ética de políticos, militares, empresarios. Es una ética acostumbrada a negociar, a hacer compromisos, a tomar en cuenta excepciones. La segunda es ese conjunto de éticas que gusta tanto a los que no tienen que tomar decisiones. Los que enseñan, predican, escriben, y dicen lo que otros deben hacer. Es la ética de los filósofos, los religiosos, los profesores, los escritores, los periodistas. Habitualmente es una ética absoluta, sin compromiso ni negociaciones.

Esta es una sutil distinción. Es fácil advertir la oposición dialéctica, el enfrentamiento, entre estas dos formas de concebir la vida

---

[12] Ver su libro *Liberalismo* (1977).
[13] Ver Grondona, M. (1999).

34

y la moral, y la incomprensión mutua que hay entre estos dos modos de ser.

Los que tienen que tomar decisiones critican a los "moralistas" por idealistas, por estar "en el aire", por no saber cómo es "la realidad". Los éticos de la convicción, a su vez, critican a los primeros por inmorales, por mezclarse con la corrupción, por ceder en sus principios. Yo tengo un ejemplo para esto, que también, espero, dividirá las opiniones de los alumnos.

¿Fue correcta la política planteada por Bush después del 11 de septiembre del 2001? A los que digan que no, les pregunto, ¿qué habrían hecho en su lugar? No lo estoy defendiendo. El ejemplo está dado por alguien muy acostumbrado a decir cosas muy bonitas en el pizarrón, tiza en mano. Pero después las decisiones las toman otros…. A quienes quiero, al menos, comprender.

¿Qué importancia tiene esto para nuestra tesis? Queda un sentido adicional al objetivo de este libro. Yo quisiera superar el enfrentamiento entre estas dos formas de pensar. Sería deseable que se puedan tomar decisiones públicas, que influyan positivamente en el curso del país -el que fuere- sin verse enfrentados a este callejón sin salida: o tomo decisiones y me corrompo, o no hago nada, renuncio y me voy con mi moral intacta a mi casa.

Uno de nuestros objetivos es dar a conocer ciertas formas de pensar que incorporan a la visión política ciertos elementos que se consideran fuera de la política, como la escasez y la vida económica en general. Hayek y Buchanan son ese tipo de autores.

Por último, toda la filosofía política posterior a Kant es clasificada, a veces de manera forzada, en consecuencialismo o deontologismo. Autores como Rawls, Nozick y Rothbard, por diferentes que sean sus planteos, son considerados como deontologistas. Autores como Hume, Mill, Benthan. Clásicamente con secuencialistas (clasificación muy dudosa, sin embargo, para utilitarismos tan refinados como el de Hume y el de J.S. Mill). ¿Y autores como Mises, Hayek y Buchanan? Dado que son economistas, muchos los clasifican como consecuencialistas. Sin embargo, yo creo que hay en esos autores una confluencia entre la idea de derechos individuales y escasez que va más allá de esa clasificación. Lo veremos cuando lleguemos a Hayek y Buchanan. Pero más allá de todo esto, quedó una pregunta planteada. Estos "estados-nación" surgidos en el s. XVIII, ¿han logrado su cometido? ¿Han logrado la libertad, la emancipación del individuo, han logrado la paz? ¿Sí? ¿No? ¿O en qué medida?

Un intento de respuesta a estos interrogantes, según diversos autores, guiará nuestros próximos capítulos.

CAPÍTULO CUATRO:

LA DIALÉCTICA DEL ILUMINISMO.
EL CASO DE J. HABERMAS

A partir de ahora, el libro tiene que ver con la pregunta planteada. Hemos reseñado los orígenes de lo que podríamos llamar el "estado-nación moderno". Eso es muy amplio, claro. Digamos que ese fue un intento que el siglo XVII tuvo por organizarse según lo que más o menos llamamos democracia constitucional, pero con características muy distintas en la revolución norteamericana y en la revolución francesa. Al menos así es en la visión de Hayek, como veremos después.

Por ahora la pregunta es: ese intento, con todas sus diferencias teoréticas y prácticas. ¿Tuvo éxito? ¿Logró esa "emancipación", esa "liberación" racional de la humanidad?

La pregunta engloba a su vez un sub-problema: los intentos de democracia *constitucional*, donde el estado de derecho se encuentra por encima de la voluntad arbitraria de los gobernantes. ¿Tuvieron éxito en ese sentido? ¿Se ha logrado limitar el poder en las democracias occidentales? O la democracia, con las luchas permanentes de los grupos de presión y la corrupción de sus dirigentes.... ¿No atraviesa una crisis que parece ser un fracaso de su intento originario?

Hay tres autores cuyo pensamiento es, en cierto sentido, un intento de análisis de la primera pregunta. Uno es "de izquierda". Se trata de Jurgen Habermas, representante de la Escuela de Frankfurt, uno de cuyos autores (Horkheirmer) acuña la expresión "dialéctica del iluminismo" que tiene que ver con lo planteado al principio: el estado-nación racional, "ilustrado" frente a una supuesta oscuridad de épocas anteriores, ¿ha liberado o ha oprimido al hombre?

Estos autores (Adorno, Horkheirmer, Marcuse, Habermas) se inscriben en un peculiar neomarxismo, de ningún modo leninista. Ellos se inspiran en un Marx humanista, que habría sido el primero en advertir contra la "alienación" y consiguiente opresión de la racionalidad capitalista, intrínsecamente unida a la lógica de la revolución francesa.

Las otras dos respuestas son "no de izquierda", por que dónde los quiera ubicar el lector, lo dejo a voluntad. Al menos, seguro que no son neomarxistas. Se trata de Friedrich A. von Hayek –ya nombrado muchas veces- y Paul K. Feyerabend. Ambos, situados en un liberalismo clásico, critican también a cierto racionalismo occidental, donde algo falló desde el punto de vista filosófico y político. Se podría decir que esos dos autores representan a una dialéctica de la ilustración "no neomarxista".

Pero si "algo" falló en el planteamiento del estado -nación, ¿tiene ello algo que ver con la crisis de la democracia?

Ello tiene que ver con cierto renacimiento de la filosofía política contractualista, donde se revisa el contrato social, que, aunque hipotético, está en la base del pacto constitucional. Gran parte de la filosofía política norteamericana después de los 70 gira en torno a este punto. J. Rawls, en 1971, intenta re-elaborar las bases teoréticas de una democracia constitucional, sobre la base de un renovado planteo socialdemócrata. R. Nozick le contesta en 1974, tratando de reelaborar la noción de estado mínimo. J. Buchanan toca el mismo tema en 1975, tratando de establecer nuevas bases del pacto constitucional de un gobierno limitado.

El análisis de estos tres autores nos servirá, sobre todo, para la segunda pregunta planteada, a saber, la crisis de la democracia y sus salidas. A lo cual deberemos agregar, junto con Buchanan, algunos elementos, nuevamente, de Hayek.

J. Rawls es el principal filósofo político socialdemócrata después de los 70, mientras que Nozick y Buchanan pueden ser considerados, junto con Hayek, liberales clásicos. Sin embargo, hay que tener en cuenta que: a) Rawls se llama a sí mismo "liberal" en sentido norteamericano; b) de los tres restantes, sólo Nozick se muestra partidario de un estricto "estado mínimo", mientras que Hayek y Buchanan no objetan la provisión de bienes públicos por parte del gobierno municipal. Tendremos tiempo de revisar esas diferencias.

Por ahora, tengamos en cuenta que estos autores tienen un modo similar de hacer filosofía política, muy importante para los objetivos de este curso: en ellos, la filosofía política se hace en estrecho diálogo con la economía. Temas como los bienes públicos, el óptimo de Pareto, productividad marginal, impuestos progresivos o regresivos, *free riders*, externalidades, etc., no son temas ocasionales, sino esenciales a sus planteos. Según este planteo, nos ha quedado el siguiente orden temas: a)   sobre la "dialéctica de la ilustración", tres autores: Habermas, Hayek y Feyerabend; b) sobre la crisis y replanteo de la democracia, tres autores: Rawls, Nozick y Buchanan-Hayek.

Comencemos, pues, con Habermas.

Ante todo, situación personal e histórica. Habermas es casi un niño cuando Hitler estaba tratando de imponer su milenario imperio. Desde esa perspectiva habría que agradecer que sólo haya durado cinco años. Como todos los alemanes de su generación, y antes también, Habermas queda horrorizado por la experiencia de la segunda guerra. Muchas cavilaciones filosóficas se hicieron entonces –y se siguen haciendo- sobre qué es lo que culturalmente condujo a dicha situación. Muchos post-modernos ven en la segunda guerra la caída total del paradigma de racionalidad que guiaría a Europa después de la Revolución Francesa. Pero no es ese el camino de Habermas, quien se considera heredero de la modernidad. ¿Por qué intenta Habermas rescatar a la modernidad?

Primero, él es heredero de la interpretación que la escuela de Frankfurt hace del mundo moderno. Que no es algo positivo, precisamente. Modernidad es igual, para esta escuela, a control. Como la famosa película *Matrix*, salvando las distancias. La racionalidad de la modernidad es una racionalidad instrumental: la eficiencia de los medios respecto a los fines.

Esto es, dominio. Dominio respecto de la naturaleza (la tecnociencia), dominio respecto de las personas, que esta escuela ve fundamentalmente en la racionalidad capitalista, donde los seres humanos son reducidos a medios con respecto a la producción industrial y la ganancia capitalista. Si, obvio, hay mucho en esto de Marx y su crítica a la alienación capitalista.

En este sentido, se podría decir que para esta escuela la modernidad, al identificarse con la racionalidad instrumental, se identifica con la dominación, con la explotación y, en ese sentido, ha fracasado.

Pero Habermas no es tan apocalíptico. Por supuesto que no es un defensor de la economía de mercado. Pero el capitalismo de la Alemania de la post-guerra es un capitalismo "moderado" por el estado de bienestar que es una defensa contra el inevitable remanente de explotación capitalista[14].

Por lo tanto, no tenemos aquí nada parecido a un marxismo leninismo, sino un socialdemócrata que convive bien con el capitalismo alemán de la post guerra donde el *Welfare State* "exculpa" al capitalismo de su explotación (ya veremos este tema de vuelta en Rawls).

Pero no es esto, creemos, lo más importante. Lo más importante es que Habermas piensa firmemente que la racionalidad occidental, kantiana, tiene un rescate importante en otro tipo de racionalidad, diferente a la instrumental. Se trata de la racionalidad comunicativa, eje central del pensamiento de este autor.

Habermas acepta que toda acción humana implica una racionalidad de medios respecto a fines. Pero esto se divide en dos aspectos diferentes. Una es la racionalidad estratégica, que corresponde a la racionalidad instrumental antes referida. Es una racionalidad de cálculo, de plan, donde la relación con el otro implica cómo colocar al otro en una estrategia exitosa para lograr los propios fines. Toda acción estratégica sería, en este sentido, dominación. Allí Habermas d a la razón a sus apocalípticos maestros.

Pero la acción comunicativa es otro tipo de racionalidad. Influido por la hermenéutica contemporánea, más lo que se llama el giro lingüístico del segundo Wittgenstein[15], Habermas establece que la racionalidad, de personas a personas, establece sus características en función de *lo que intentamos hacer con el otro a través del lenguaje*. Si la intención al hablar (acto del habla) es una estrategia, donde el otro queda como medio respecto de mis fines, se trata

---

[14] Ver al respecto la última parte de su libro *Teoría de la acción comunicativa* (1992).
[15] Ver, sobre todo ello, Nubiola, J., y Conesa, F., (1999).

de un acto del habla perlocutivo, con una estrategia oculta ("ocultamente estratégico"). Si, al contrario, lo que pretendo es la comprensión del otro y la consiguiente comunicación con él, sin dominarlo, se trata de un acto del habla comunicativo, que se despliega en tres aspectos: el tema de la conversación (constatativo); las normas implícitas de la situación en cuestión (si se trata de "tomar el té" o una ponencia académica: actos del habla regulativos) y la expresión de algo del mundo interno de quien habla (actos del habla expresivos). Cada uno tiene que ver con tres mundos, esencialmente humanos: mundo objetivo, mundo social y mundo subjetivo. Ahora bien, puede ser que la pretensión sea la comunicativa, pero hay que "validar" esa intención de algún modo. En ese sentido cada uno de esos actos del habla, y cada uno de esos mundos, tiene tres "condiciones de validez": al tema de conversación corresponde la *verosimilitud* (si estoy hablando verdaderamente de lo que estoy hablando), a la situación social en cuestión y sus normas implícitas corresponde la *rectitud*, y a la expresión del mundo subjetivo corresponde la *sinceridad*.

La racionalidad comunicativa, por lo tanto, es una acción dialógica, implica un diálogo con el otro, para lo cual existen por ende tres condiciones de diálogo: verosimilitud, rectitud, sinceridad. A lo cual habría que agregar una cuarta: que el que dialoga con nosotros acepte nuestras intenciones de diálogo mediante una consideración crítica, analizada racionalmente ("racionalmente motivado") y no por otros motivos, como son los premios o castigos, donde entonces se termina el diálogo y comienza nuevamente la dominación. Quisiera que detrás de estos tecnicismos no se olvide la intención de este autor: rescatar la racionalidad, y con ello, la modernidad. La libertad de la cual hablaba la Revolución francesa no se ha perdido del todo en la alienación de la racionalidad instrumental. Queda aún la libertad en el diálogo, la comunicación con el otro, que debe ser aquello que alimenta de fondo a una vida democrática. El diálogo es, por ello mismo, esa instancia donde se encuentran todas las personas que piensan diferente en temas religiosos y metafísicos, pero que se encuentran libres e iguales en una acción dialógica. Acción dialógica que es la norma básica, la ética del discurso fundamental en la cual todos deben coincidir precisamente por lo que difieren, una especie de imperativo categórico donde se salva la racionalidad del otro y su libertad, y debe ser base de toda vida democrática. Cualquier parecido con Kant no es mera coincidencia.

La racionalidad de la modernidad, por ende, no ha fracasado, porque ella no es un proyecto con resultados palpables, sino la ética del discurso que debe imperar en una sociedad de personas libres e iguales, una vez que las diferencias religiosas y metafísicas han sido superadas por esta racionalidad post-kantiana. La modernidad no ha fracasado en la medida que la modernidad sea igual a la ética del discurso. Una democracia constitucional moderna no es más que un intento de plasmar políticamente ese ideal. Con este planteo, Habermas está tocando, por otra parte, un nudo gordiano de la conciencia occidental. Si el lector ha visto películas como *Danza con lobos*, o una última, parecida, que es *El último samurai*, observará de qué modo los guionistas se encuentran perseguidos por una especie de culpa occidental de su voluntad de dominio. Cómo esos rifles occidentales ante los Siux, cómo esa ametralladora que finalmente vence a los puros e inmaculados samurais, son el símbolo terrible de una tecnociencia imperialista que se expande a través de una cruel, imperialista y colonialista imposición. La racionalidad instrumental se expande, cual romano imperio, a través de la imposición. He allí su fracaso. Habermas no renuncia a la racionalidad, sino que la convierte en acción comunicativa. Acción comunicativa que elimina la imposición y la sustituye por el diálogo, que propone sin imponer. Igual preocupación tenía el último Popper[16], aunque a Habermas y a quienes lo sigan no les guste la comparación.

Pero ¿hemos los occidentales recorrido ese camino? ¿Hemos visto claramente la diferencia entre una racionalidad que dialoga y una racionalidad que impone por la fuerza sus valores?

Las reflexiones posteriores, sobre las filosofías políticas de Hayek y Feyerabend, nos ayudarán a seguir recorriendo ese camino.

---

[16] Ver Artigas, M., (1998).

CAPÍTULO CINCO:

HAYEK Y EL CONSTRUCTIVISMO

En la pregunta sobre el éxito o no del estado-nación moderno, F. A. von Hayek ocupa para nuestro pensamiento un lugar destacado.

Hayek nace en Viena en 1899 y es conocido habitualmente como uno de los principales economistas de la Escuela Austriaca de Economía, el más importante, tal vez, después de Mises. Murió nonagenario, en Friburgo, en 1992, después de haber obtenido el Nobel de Economía en 1974. Sus contribuciones en la teoría económica se concentran en la relación entre mercados, precios y conocimiento -donde lleva adelante el debate contra el socialismo entendido como planificación central- y teoría monetaria, donde desarrolla una teoría del ciclo económico en pública oposición a las ideas de J. M. Keynes.

Sin embargo, estamos presentando a Hayek como filósofo político. Eso es correcto por dos motivos. Retrospectivamente, sus ideas económicas son, efectivamente, una parte de una concepción más amplia, que es política y no tiene mucho que ver con lo que hoy se considera micro o macroeconomía. Pero, además, desde 1945, cuando publica su famoso "Camino de servidumbre" su producción en temas de teoría económica deja lugar a la redacción de importantes ensayos en filosofía de las ciencias sociales y en filosofía política, que se consolidan como obras de madurez hacia 1960, con la publicación de "Los fundamentos de la libertad", y hacia 1973, cuando sale el primer libro de tu trilogía "Derecho, Legislación y Libertad". Debemos destacar que en nuestra opinión esas obras, de igual modo que sus obras de economía, no se entienden sin el estudio de sus ensayos de filosofía de las ciencias, escritos muchos de ellos en un período de su vida de relativo aislamiento académico[17].

---

[17] Nos estamos refiriendo a *Scientism and the Study of Society* (1942), *Degrees of Explanations* (1955), y *The Theory of Complex Phenomena* (1964) (todos en 1979 y

Nuestra pretensión en esta clase, sin embargo, será más modesta. Frente al ese estado moderno que expande una civilización racional como una prédica religiosa de salvación civil, frente a esa democracia cuya gran defensa parece ser que es el peor sistema, excepto todos los demás, el pensamiento hayekiano nos ofrece un giro especial.

En primer lugar, debemos distinguir, según Hayek, dos tipos de órdenes. El primero es el que concebimos habitualmente en temas sociales. Se trata del orden deliberado, esto es, órdenes donde los seres humanos tratan de planifica r, de establecer medios que racionalmente puedan lograr determinados fines. Algo no muy distinto a esa racionalidad instrumental de la escuela de Frankfurt, aunque, dentro de ciertos límites, Hayek no lo ve de modo tan apocalíptico. Un padre de familia puede tratar de organizar su fin de semana de este modo, una empresa puede planificar así sus objetivos, una universidad tiene fines y reglamentos, un club para jugar al tenis... La pregunta es: ¿todos los emprendimientos humanos son de ese modo? Parece que sí o, al menos, parece que así debería ser si queremos eficiencia, si queremos que el orden se mantenga....

Pero Hayek hace su gran aporte cuando se da cuenta, sencillamente, de que no. Y se da cuenta al principio cuando, como economista, les dice a los socialistas de su tiempo, allá por la década del 30: el mercado es un proceso donde se encuentran expectativas diversas y dispersas de oferentes y demandantes. Si hay libertad de precios y libertad de entrada al mercado, éste se ordena "espontáneamente", esto es, se producirá una tendencia al encuentro de expectativas dispersas precisamente porque no hay una autoridad central que intenta interferir en el proceso eliminando los precios. Hayek descubre así la noción de orden espontáneo: un proceso donde el conocimiento limitado y disperso de los seres humanos produce cierto resultado precisamente porque ese resultado no fue planificado, porque de haberse producido ese intento,

1967). Nos hemos referido a estas obras en nuestro libro Introducción filosófica a Hayek (2003).

hubiera necesitado un conocimiento que ninguna persona o conjunto de personas puede poseer[18] ...

Hayek se da cuenta de que el mercado es sólo un caso de orden espontáneo. Es aquí donde los demás liberales en economía terminan y comienza Hayek. Los partidarios del mercado libre están de acuerdo con que el mercado libre ajusta espontáneamente oferta y demanda, pero Hayek no se refiere sólo a eso. Para él las principales instituciones y características humanas, tales como el comercio, el lenguaje, y cierto orden jurídico, como el *common law* inglés, son órdenes espontáneos. Es más: son órdenes espontáneos que dieron origen al mercado. Los órdenes políticos y jurídicos espontáneos dan origen al mercado y no al revés.

Obviamente no podemos en esta pequeña clase dirimir el eterno debate que esto genera. Hayek afirma que el Estado de Derecho es un producto espontáneo, una consecuencia no intentada de la historia de Occidente, desde la antigua Gracia, la antigua Roma, la Edad Media y el paso al sistema político inglés posterior a 1688, con su "pequeño coletazo" americano que se da en la Constitución de los EEUU. Todo esto obviamente es tan interesante como discutible; el que lo quiera ver en detalle puede ir al capítulo XI de "Los fundamentos de la Libertad". Lo importante para nuestros objetivos es que esto le permite distinguir a Hayek dos corrientes en el "liberalismo"[19], o, como nos atrevemos a reclasificar nosotros, dos corrientes en la democracia política moderna. Una, la que él llama liberalismo francés o continental. Allí sus cañones apuntan a Rousseau, a quien acusa de ser uno de los padres de la mentalidad "constructivista" contemporánea. Otra, la tradición del orden social espontáneo, no racionalista, donde hay autores como Hume, Ferguson, Smith, Locke, Acton, Burke y los constitucionalistas norteamericanos. Esta distinción (entre liberalismo "inglés" y "francés") se podrá debatir ad infinitum en cuanto a si la división es correcta desde un punto de vista geográfico y-o de evaluación de autores, o si es demasiado simplista. Hayek sin

---

[18] Esa es una de las principales conclusiones de su seminal artículo "Economics and Knowlede" de 1936 (1980).
[19] Ver al respecto su artículo homónimo, en el cap. I X de *Nuevos Estudios*, op.cit.

embargo está tan entusiasmado con lo suyo, que a autores franceses tales como Montesquieu y Tocqueville los considera "la versión continental del liberalismo inglés".

Pero lo importante no es, a nuestro juicio, si la clasificación entre liberalismo inglés y francés es históricamente correcta. Lo importante cuál es la crítica que hace al "liberalismo continental", independientemente de si los "acusados" son inocentes o culpables, o si residían en el continente o en Marte. La crítica está concentrada en lo que él llama "Los errores del constructivismo"[20]. El constructivismo está intrínsecamente ligado a la idea de orden deliberado. Implica suponer que la sociedad humana debe "construirse" con una planificación, de medios afines, por parte de una persona o un grupo de personas. Los primeros acusados son los revolucionarios franceses racionalistas que quieren "construir" una democracia barriendo las tradiciones anteriores, democracia que por ende da poderes absolutos a los planificadores, que se concentran en las cámaras legislativas, que tienen que "legislar" precisamente porque -según el constructivismo- si ellos no legislan, no hay orden. Esta actitud -que se traslada a muchos intentos de construir naciones racionalistas y democráticas en Latinoamérica, pero que también se da en Francia e Italia- sigue luego con los diversos socialismos, que obviamente tratan de planificar la economía, recibe un eslabón conceptual fundamental con Marx, donde obviamente hay que planificar la revolución y la dictadura del proletariado, y se continúa con los diversos intervencionismos en la economía, en la educación, en la salud y en la seguridad social, que obviamente no consideran la posibilidad de orden espontáneo en esas áreas. Todo ello, obviamente, acompañado con ciencias sociales que toman de las ciencias naturales cierto modelo de ciencia, donde supuestamente hay que controlar, medir y construir. Las ciencias sociales se transforman en estadística, control, predicción, medición, macroeconomía, políticas macroeconómicas. Todo ello es coherente con la idea de orden deliberado.

---

18. [20] Ver el artículo del mismo nombre en *Nuevos Estudios*, op.cit.

Lo interesante de todo esto es que Hayek coincide con la escuela de Frankfurt en que el iluminismo racionalista tiene una tensión intrínseca que lo lleva a su destrucción. Los de la escuela de Frankfurt -como vimos- consideran que el capitalismo liberal está intrínsecamente minado de la idea de control y planificación. En eso, diría Hayek en un diálogo que nunca se dio, se equivocan, porque el adjetivo "liberal" quiere decir para él "espontáneo". También se equivocan, hubiera dicho Hayek, en buscar en un autor como Marx la salida a ese problema.

Pero hay una coincidencia: la crítica a una razón que en la exaltación de sí mismo lleva al totalitarismo. Por eso Hayek distingue entre racionalismo "constructivista" (que lleva al totalitarismo) y racionalismo "crítico" (de igual modo que Popper) que, consciente de los límites de la razón, no propone sino pasos progresivos en una búsqueda evolutiva de cambios institucionales sin planear el resultado final ni la sociedad perfecta... En este sentido, tenemos en este autor una interesante respuesta a las preguntas que guían nuestro curso. Podríamos sintetizarla de este modo:

1. La competencia de tradiciones, en orden espontáneo, conduce al progreso. Pero el progreso no se obtiene eliminando por la fuerza las tradiciones existentes.

2. En ese sentido no hay que confundir revolución con evolución. La primera estaría ligada a la idea de un orden deliberado que se impone barriendo tradiciones anteriores. La segunda es un proceso espontáneo a partir de tradiciones en movimiento, no incompatible con propuestas que racionalmente traten de acompañar ese proceso. Tal vez las propuestas de la razón humana deban concentrarse en ese caso en mínimos cambios institucionales que dejen abierta la espontaneidad de procesos sociales.

3. Me permito agregar (y esto ya corre por mi cuenta) que lo que Hayek dice implica distinguir entre las normas y la lectura de las normas. Habitualmente un constructivista es un racionalista que construye mentalmente una serie de nuevas normas creyendo ingenuamente que, del otro lado, la tradición cultural donde esas normas intenten aplicarse podrá "leer" o decodificar perfectamente esas normas. Esto no implica que no se puedan proponer

nuevas normas, simplemente implica que hay que tener conciencia de que los aprendizajes de estas pueden ser más o menos lentos según la tradición cultural existente.

La Constitución liberal clásica norteamericana de 1789 parece haber sido leída más fácilmente por los colonos. La Argentina de 1853, ¿tuvo igual resultado?

Tal vez, si miramos para atrás, a la luz de las distinciones de Hayek parece que los occidentales hemos sido más constructivistas que evolutivos. El intervencionismo y las activas políticas regulativas de estado, resultado de lo anterior, han conducido a la democracia actual a un juego permanente de lucha de intereses de grupos de presión que quieren obtener los favores del estado planificador. Por eso la última etapa del pensamiento de Hayek es nada más ni nada menos que un intento de re-construcción del ideal democrático.

Pero con esto nos estamos adelantando un poco. Una conclusión importante es que Occidente, con su razón, sea una razón creyente o n o, debe distinguir entre diálogo e imposición. Tal vez nuestra ciencia, nuestra lectoescritura, nuestro arte, etc., sea todo muy bonito, o muy bueno, o excelente, pero ¿se dialoga o se impone a sangre y fuego? No es una pregunta para el pasado. Es para el futuro.

CAPÍTULO SEIS:

PAUL K. FEYERABEND Y LA "NUEVA ILUSTRACIÓN"

En el panorama filosófico-político del siglo XX, P. K. Feyerabend pasa casi inadvertido. Sin embargo, es nuestra intención, en esta breve introducción, que el lector advierta su importancia para esto que hemos llamado "dialéctica del iluminismo *no neomarxista*" y la continuidad de este autor con esa línea de liberalismo clásico que, uniendo filosofía de las ciencias sociales con filosofía política, se da en autores como Popper y Hayek.

Es habitual ver a Feyerabend como un "post-moderno" de la filosofía de las ciencias naturales. Su libro principal, "Tratado contra el método"[21], popularizó esa versión. No es fácil resumir esta cuestión, pero probemos de este modo. Simplificando mucho, se podría decir que los neopositivistas –aquellos a quienes Hayek llamaría constructivistas- daban un enorme valor "probativo" al método experimental. Si el lector escuchó alguna vez aquello de que una hipótesis se convierte en ley, bien, es algo así. Pero luego (1934) aparece Popper en el horizonte y afirma que la hipó tesis siempre queda en hipótesis, de tipo conjetural.

Que no se la prueba, sino que a lo sumo no se la descarta hasta el momento (corroboración). Ok. Pero luego alguien sostiene, con mucha erudición histórica, que los científicos reales no son popperianos: no quieren ser refutados, sino que se aferran a su paradigma (Kuhn, 1962). Entonces un ex – adjunto de Popper, Lakatos, dice (1965): si, es verdad que los científicos (por ejemplo, Galileo, o Newton: no poca cosa) intentan defender, y no criticar, al núcleo central de sus teorías contra sus eventuales refutaciones (anomalías), pero a hacerlo sin darse cuenta aumentan el contenido teorético de sus teorías. Como Halley, un partidario de Newton que al defender las teorías contra eventuales refutaciones predijo al famoso cometa. Entonces Feyerabend[22] contesta: eso

---

[21] (1981).

[22] Había nacido en Viena, en 1924. Estudió física y matemática (junto con otros

reconoce que la ciencia es cualquier cosa. Si no hay ninguna norma para saber, en el momento presente, si seguir, o más o menos seguir, o más o menos dejar, una teoría, entonces. ¡Todo vale!!! De hecho, eso es lo que dijo en el año 75 y quedó entonces como el anarquista de las ciencias, como el postmoderno de las ciencias, como uno de los tantos que dicen que la razón se acabó y etc. y etc. Nadie se lo tomó en serio[23]. Parece que no. Yo tengo la intención de que sí.

¿Por qué? Porque mi hipótesis de trabajo es que el eje central de la interpretación de Feyerabend es político. Que es un autor clave en la cuestión que desde Habermas y Hayek venimos viendo como dialéctica del iluminismo.

En 1981, Feyerabend edita un libro donde se defiende de muchas críticas. El libro se llamaba "Adiós a la razón"[24] y, aunque el lector crea que con ese título no arreglaba nada, veremos que, curiosamente, no es así.

Ese libro tiene una parte II donde en su punto 4 afirma que la ciencia es una tradición entre muchas. Que la realidad es muy vasta, muy amplia, y que la ciencia es uno de los tantos criterios de interpretación de esa realidad cuyo desconocimiento –esto ya venía desde Karl Popper- es ilimitado. Como dice en otro lado[25]: "existe una realidad que permite diversos enfoques; entre ellos, el científico". O sea que no tenemos aquí a un relativista diciendo que la realidad no existe, o que no se puede conocer, sino que "permite diversos enfoques" (dada su amplitud) y que ninguno de ellos debe reclamar el monopolio interpretativo. El arte, la literatura, la metafísica, la religión no son lo ficticio frente a lo "fáctico"

---

intereses: música, literatura, arte) pero nunca pudo encontrar paz en la vida académica rutinaria. La segunda guerra le pasó por encima, pero, a pesar de ello, logró reencaminar su existencia, hasta encontrar un período de paz académica en Berkeley, EEUU, en la década del 60, después de rechazar un ofrecimiento de Popper para ser su ayudante. A partir del 75 su vida intelectual consistió en explicar el sentido de su libro del año 75. Murió en 1995. Su autobiografía puede verse en la bibliografía.

[23] Ver Zanotti, (2002).
[24] (1992).
[25] En *Diálogos sobre el conocimiento* (1991) p. 121.

(la ciencia) sino que son diversos intentos –la ciencia es uno más– de lanzar redes para captar algunos peces en ese océano de realidad desconocida –otra de sus analogías–[26].

Ahora bien, si la ciencia no debe reclamar el monopolio interpretativo, ¿es coherente que reclame el monopolio *coercitivo*? Esto ya lo había dicho en su famoso libro del 75. En su último capítulo habla de la necesaria separación *entre estado y ciencia*. Sí, así como lo leen. Esto desafía nuestros paradigmas culturales y demanda una explicación.

Lo que Feyerabend está reclamando, detrás de sus ironías y supuesta especialización en historia de las ciencias, es una *nueva ilustración*. La ilustración a la que se refiere es muy parecida a ese racionalismo constructivista ya denunciado por Hayek. En una nota a pie de página de esa parte II, punto 4, afirma: "Según Kant, la ilustración se realiza cuando la gente supera una inmadurez que ellos mismos se censuran. La ilustración del siglo XVIII hizo a la gente más madura ante las iglesias.

Un instrumento esencial para conseguir esta madurez fue un mayor conocimiento del hombre y del mundo. Pero las instituciones que crearon y expandieron los conocimientos necesarios muy pronto condujeron a una nueva especie de inmadurez. Hoy se acepta el veredicto de científicos o de otros expertos con la misma reverencia propia de débiles mentales que se reservaba antes a obispos y cardenales, y los filósofos, en lugar de criticar este proceso, intentan demostrar su "racionalidad" interna" [el entrecomillado es de Feyerabend].

Tratemos de desglosar e interpretar el párrafo según el hilo que venimos siguiendo. Según Kant, esto es, no según Kual – Quie – Rá, gran representante del irracionalismo post-moderno. Según Kant, uno de los principales –como hemos visto- defensores y propulsores de la ilustración europea del s. XVIII. La ilustración según Kant significa madurez, madurez, sobre todo, ante la superstición religiosa impuesta por la fuerza, algo que Kant había dicho en uno de sus pocos escritos cortos, llamado nada más ni nada menos

---

[26] Ver *Philosophical Papers* (1981), vol. I, caps. 6 y 11.

Qué es la Ilustración.[27] Por eso dice "más madura ante las iglesias" (obsérvese el plural). Incluso reconoce Feyerabend que para ello fue esencial un mayor conocimiento del hombre y del mundo, y se está refiriendo al progreso de las ciencias occidentales (otra vez: ¿qué relativista post-moderno diría esto?). "Pero" (cuidado con los "peros" de Feyerabend) todo ello condujo nuevamente a una *nueva clase* de inmadurez. Esto es: si antes no éramos maduros porque no habíamos aprendido la libertad religiosa, ahora somos inmaduros porque no hemos aprendido la libertad de decisión frente a la ciencia. Antes, la fe era obligatoria, ahora, la ciencia. Ahora, el "experto", el juez y el científico juegan el mismo papel que antes el inquisidor: protegerlo de su ignorancia. Y coactivamente. Es ahí cuando Feyerabend protesta contra los filósofos, que tratan de ver en esto la "racionalidad". ¿Es eso ser irracionalista? ¿O es oponerse a un papel coactivo de la razón, y tal vez irracional por coactivo? (Po r ello, el título referido, Adiós a la razón, parece ser un adiós a la razón. *Impuesta por la fuerza*).

Si nos tomamos en serio el mensaje de Feyerabend, deberíamos ver que gran parte del proyecto del racionalismo constructivista, denunciado por Hayek, ha triunfado. Hayek concentraba sus ataques en el socialismo, intervencionismo y democracia rousseauniana, pero el colonialismo occidental, la educación occidental obligatoria y la medicina legal occidental forman parte del mismo fenómeno. No hemos terminado de asumir que verdad e importancia no son igual a coacción. Antes la fe era obligatoria, para el "sacro imperio" porque la fe importaba; ahora, que a los imperios les importan otras cosas, otras cosas son obligatorias. ¿Hemos aprendido algo?

Porque la no obligatoriedad de algo no depende de la duda. Feyerabend reconoce que a veces mezcló sus argumentaciones al respecto[28]. Pero que la verdad no debe imponerse por la fuerza es algo que depende de la naturaleza de la verdad, no de la duda. Y aunque los filósofos discutamos sobre qué es la verdad, al me-

---

[27] Ver en Polanco, M.: edición on line de 100 *Books on Philosophy*, Guatemala, 2001.

nos sabemos que se trata de algo que tiene que ver con la inteligencia humana. Y la inteligencia humana no funciona con golpes, premios o castigos, sino con el diálogo.

¿Y no era esto –el paso de la coacción al diálogo- lo que reclamaba Habermas? Pues bien, esto es lo que reclama Feyerabend. Cómo separar *ahora* estado y ciencia, no lo sabemos. Feyerabend no propuesto al respecto –y coherentemente- ningún plan "revolucionario"[29]. Y no creemos que Bush o Bin Laden estén interesados por la pregunta. Lo que sí sabemos es que habíamos dicho, en clases anteriores, que en la ilusión iluminista algo había fallado, y estamos vislumbrando por dónde estuvo la falla.

No en la verdad, no en la ciencia, no en la técnica, y menos aún en la democracia o en el capitalismo. La cuestión es: ¿cómo se "habla" de todo ello?

Ya hemos visto dos filósofos liberales clásicos que nos dan una respuesta: con un diálogo evolutivo. Popper y Hayek podrían estar en esa línea, pero creemos que Feyerabend vio el tema con una claridad inigualable, y en medio de sus sarcasmos e ironías, la seriedad de su mensaje –que pone en jaque a toda nuestra organización cultural- quedó desatendida. Y con esta peculiaridad: la mayor parte de las críticas a las expansiones colonialistas de Occidente, a sus guerras y a su tecnociencia, vienen de neomarxistas muy importantes (Habermas venía de allí). *Feyerabend, que yo sepa, es el único que hace críticas similares, sin caer en la dialéctica de la mayor parte de los que hablan de dialéctica del iluminismo: suponer que la coacción del estado va a resolver los males de Occidente.*

Entre esos "males" está la decadencia de la democracia occidental. La democracia es demagógica, las dictaduras, tiránicas. Parecemos no salir de allí. ¿No hemos progresado nada desde los griegos?

Rawls, Hayek y Buchanan nos ayudarán en esa pregunta.

---

[29] En *Ciencia en una sociedad libre* (1982), p. 124.

CAPÍTULO SIETE:

LA SOCIALDEMOCRACIA, J. RAWLS Y LA "DIALÉC-TICA DE LA DIALÉCTICA DEL ILUMINISMO"

A partir de 1971, la filosofía política norteamericana tiene un giro importante con la publicación de lo que hoy en día es un clásico: *A Theory of Justice* de J. Rawls[30]. El "giro" es importante por estos motivos:

a) se vuelve a planteos contractualistas, llamados ahora "neo" contractualistas. En cierto sentido Rawls es una reedición del contrato social de Rousseau, así como Nozick lo es de Locke y Buchanan lo es de Hobbes.

b) Se insertan definitivamente temas que antes eran privativos de la economía (elección racional, distribución de ingresos, eficiencia, etc.) en el núcleo central de la filosofía política. Esto no es para nosotros una "invasión" de la economía en la filosofía política, sino al revés: una consideración ética de los problemas de la justificación del estado donde los problemas económicos ya no pueden estar ausentes.

c) La filosofía política norteamericana y europea tiene un antes y después de J. Rawls. Nozick, y Buchanan, sin quitarles por ello originalidad, son una contestación a J. Rawls. Y cualquier liberal clásico que hoy quiera seguirlo siendo tiene que "decir algo" ante este J. Rawls que además se considera a sí mismo uno de los principales representantes del liberalismo político[31].

Este último aspecto es muy interesante. Rawls desarrolla, en sus obras posteriores[32], algo que es clave para la teoría y la praxis de la política actual: la convivencia de los diferentes, esto es, la convivencia pacífica entre personas cuyos paradigmas metafísicos y religiosos sean profundamente desiguales. Esta preocupación, sin embargo, es común a J. S. Mill, a Popper, a Mises, a Hayek e

---

[30] (1971).
[31] Idem.
[32] Ver *Liberalismo Político* (1993).

incluso a un autor tomista como J. Maritain[33]. Por eso lo relevante en esta clase será su primer libro, donde desarrolla criterios de re-distribución de ingresos que, explican, a nuestro juicio, gran parte de la dialéctica del iluminismo y la crisis de la democracia que estamos estudiando.

Efectivamente, Rawls plantea un modelo de contrato social en el cual el escenario es una hipótesis de seres racionales contra-tando en situación de igualdad (ya veremos de qué modo) para deducir de allí (por un proceso de elección racional) los princi-pios de justicia que deben regir a la sociedad. Si alguien pregunta si esos principios no se encuentran ya en la ley natural, recuerden que Rawls –coincidiendo en esto con Hayek, Mises, Buchanan, Popper- no sólo considera que después de Kant ya no es racional la teoría de la ley natural, sino, además –y, sobre todo- irrelevante a la hora de hacer un pacto "político" entre personas que tienen precisamente visiones metafísicas diferentes. Maritian, como he-mos dicho, siendo tomista y partidario del derecho natural, fue consiente de este tema[34].

Rawls ya sabe también que la cooperación social y la división del trabajo implican una mayor productividad, pero aclara –y esto es muy importante- que a las personas no le es indiferente el modo en el cual se va a distribuir el fruto de esa mayor producti-vidad[35]. Por ello, en situación de igualdad, hacen un pacto. Para que esa condición de igualdad se cumpla, Rawls introduce en su modelo una hipótesis auxiliar: el supuesto del "velo de ignoran-cia". Ello significa: que vamos a pactar los principios de justicia "como si" desconociéramos las capacidades y habilidades con las cuales hemos sido dotados por la "lotería natural de recursos". Puede ser que Juan sea mejor para los negocios y Pedro para las artes, pero en el momento del pacto, eso se coloca tras un "velo" metódico de ignorancia: no entran esos "datos" en el momento del contrato, sino nuestra igual dignidad (kantiana) de seres ra-cionales con capacidad de diálogo.

---

[33] (1984).

[34] Op.cit.

[35] Ver "Justicia distributiva", en *Justicia como equidad* (1986) p. 58.

Siendo esto así, lo racional (esto es, lo deducido a partir de este supuesto) sería ponerse de acuerdo en estos dos principios:

a) un principio de igual libertad, donde los contratantes se reconocen sus derechos a las libertades de religión, opinión, reunión y participación política. Aquí está el Rawls liberal clásico, que incluye de esto modo los derechos y libertades que J. Locke había incorporado en su contrato social por motivos de ley natural;

b) un "principio de diferencia", según el cual las desigualdades son injustas, arbitrarias, a menos que se establezca que los que estén menos favorecidos por la lotería natural de recursos serán compensados por aquellos que estén mejor favorecidos. Esto es, si Juan va a contratar con Pedro una distribución del producto social que beneficie a ambos, supuesto el velo de ignorancia, es racional que Juan acepte que Pedro tenga mayores ingresos sólo en caso de que éste último acepte "compensar" a Juan sus menores ingresos vía una redistribución de sus ingresos. Nadie puede objetar a Rawls que no está teniendo en cuenta el "derecho natural de propiedad" de Pedro, pues como vemos en este contrato originario no hay ley natural anterior al contrato. Lo que resulta de este principio de diferencia es una política de redistribución de ingresos, vía impositiva, cuyos arreglos, dice Rawls, son bien conocidos. Esto es compatible con un libre mercado en el área de la producción, pero no en la distribución del ingreso. El famoso *Welfare State* queda así justificado como un modo concreto de satisfacer el principio de diferencia.

Tengamos en cuenta que este segundo principio –que ha dividido las aguas entre liberales clásicos y socialdemócratas- es un principio ético, resultado de la posición original. No se lo puede objetar diciendo que el impuesto progresivo genera menos productividad: eso está justificado en aras de una más equitativa distribución del ingreso.

Lo que Rawls acepta, desde luego, es que la carga impositiva no tiene que ser tal que frene la acumulación de capital de modo de hacer imposible luego cualquier distribución.

Por supuesto que hay aquí un típico problema de concepción del derecho de propiedad, con o sin teoría del derecho natural. Pero no es eso lo que vamos a tratar en este momento[36].

De lo que tenemos que ser conscientes es que estamos frente a una de las más finas e inteligentes justificaciones del camino del *Welfare State* que emprende tanto Europa después de la Segunda Guerra como EEUU, progresivamente, pero especialmente después del *New Deal*. Es también el camino jurídico de las constituciones "sociales" y de derechos tales como a la salud, vivienda, educación, etc., que ya se han establecido en casi todos los pactos internacionales y forman parte de las creencias jurídicas y éticas de Occidente del 48 para adelante; sólo los liberales clásicos, en soledad, haciendo de malos de la película, dicen "no".

Pero la cuestión es: ¿qué tiene esto que ver con la crisis de la democracia? El *Welfare State* (WS) aparece en este modelo como una corrección "liberadora" de las imperfecciones del capitalismo. En la medida que los mercados imperfectos no distribuyen equitativamente la riqueza y en esa medida "explotan" en el sentido de una plusvalía[37], el WS aparece como la instancia "liberadora", "emancipatoria" de ese defecto del capitalismo. Se mantiene con esto el ideal "emancipatorio" del iluminismo, y frente a una visión marxista ortodoxa del capitalismo explotador, se da una respuesta optimista: las democracias occidentales pueden salir de ese problema, fundamentalmente porque han sabido crear instituciones correctoras de ese problema de inequidad e injusticia.

Ahora bien: supongamos que así fuera. Nosotros pensamos que no, que el capitalismo no es intrínsecamente no equitativo; Rawls está asumiendo allí un presupuesto paretiano de equidad que presupone a su vez competencia perfecta, cuando Hayek y Mises han demostrado que la teoría del proceso de mercado supone precisamente un mercado imperfecto. Pero no vayamos ahora a este tema. Como dijimos, supongamos que es así, que necesitamos el WS para que el capitalismo sea "equitativo". Pero el

---

[36] Hemos tratado esta cuestión en *Igualdad y desigualdad según desiguales paradigmas* (2004).
[37] *A Theory of Justice*, op.cit., p. 308.

57

WS implica coacción. Implica otorgarle a los poderes ejecutivos y legislativos atribuciones redistributivas que implican un sobredimensionamiento del poder estatal. Implica todo un aparato burocrático que tiene que distribuir, vía equidad fiscal, los mismos recursos que ha adquirido por los impuestos progresivos a la renta. Si se sigue diciendo que eso está bien, entonces volvemos al problema previo a la limitación del poder que comenzaba –recordemos– a s urgir a partir de los siglos XVI-XVII. Porque los políticos que están de acuerdo con la redistribución de ingresos no desconocen la corrupción en la que ha devenido el sistema de partidos, de *lobbies* y de grupos de presión obteniendo "profesionalmente" beneficios a partir de sus contactos en el congreso. Todos, políticos y votantes, conocen la corrupción que ello genera (aparte de su ineficiencia), pero eso no implica que se les pase por la cabeza eliminar, aunque sea progresivamente, al WS. No, el debate pasa por quiénes van a ser los "buenos" redistribuidores de la riqueza versus los "malos". Pero entonces el debate político se retrotrae nuevamente hacia donde estaba antes del siglo XVI: ¿dónde tenemos al "buen" rey? Ahora es: ¿dónde tenemos al "buen" político, el "buen" poder legislativo que va a redistribuir "bien"? La dialéctica del iluminismo parece haberse dado una vez más, ahora en la operatoria misma del sistema democrático. La división de poderes era un sistema de limitación del poder. Pero ahora poderes ejecutivo y legislativo –convalidados por el judicial-tienen tan amplias facultades distributivas y fiscales, que su poder se ha sobredimensionado, y la democracia a devenido en lo que es: una lucha de intereses entre grupos de presión, para ver quiénes obtienen más subsidios y favores de una "torta" que, en los EEUU, a pesar de todo, sigue creciendo, porque el capitalismo remanente sigue haciendo crecer la tasa de capital. Pero ni qué hablar de Latinoamérica.

Pero volvemos a decir: no hemos querido refutar al que piensa que el gobierno central debe redistribuir la riqueza. Simplemente la hemos mostrado la consecuencia: un gobierno con poderes casi ilimitados, que retrotrae el problema político a lo que siempre fue. El bueno versus el malo, presuponiendo que el poder es absoluto. La crisis del estado que, al querer liberar, oprime, ha afectado a la democracia en su raíz. Pero los políticos no hacen con esto sino responder a una creencia arraigada en el votante: que él tiene derecho a obtener su riqueza del estado.

¿Hay algún modo de salir de esta aporía? Nozick, Hayek y Buchanan nos darán algunas respuestas.

CAPÍTULO OCHO:

EL ESTADO MÍNIMO EN NOZICK

No de casualidad, Robert Nozick formaba parte del mismo departamento de filosofía de Harvard que J. Rawls. Fue entonces significativo que en 1974 Nozick publicara un libro que hoy es un clásico, y que se considera "la" respuesta a Rawls. Nos referimos al famoso "Anarchy, State and Utopia"[38].

En ese libro hay dos temas básicos. Por un lado, su teoría del estado. Por el otro, su respuesta a la redistribución de ingresos en Rawls.

La teoría del estado "mínimo" en Nozick es una reelaboración de J. Locke utilizando conceptos actuales de teoría económica, entre ellos, la Escuela Austríaca, los procesos de "mano invisible" y nociones tales como el *free rider*.

El punto de partida es una situación de competencia de agencias de protección de derechos tal como los anarcocapitalistas la conciben. Es algo parecido a un estado de naturaleza tipo Locke, antes del "pacto de sujeción" (el gobierno). Recordemos que, para los anarcocapitalistas, esa es la situación ideal: todo bajo el mercado, incluso la seguridad y la justicia. Nozick sabe que según la Escuela Austríaca la oferta de bienes y servicios no tiende al monopolio. Pero la excepción es, según él, las agencias de protección de derechos, dada la naturaleza del servicio que prestan, que implica la posibilidad de la fuerza, coacción o violencia para defender a sus clientes. Eso implica que hay tres posibilidades: o una es la que triunfa, o dos son las dominantes en áreas diferentes, o, finalmente, estas últimas o varias más se dan cuenta que sus luchas permanentes bajan su productividad, que es más barato contratar a un "tercero" que, a modo de una corte suprema, dirima el conflicto. Esta función puede ser cumplida por una agencia de protección chica pero prestigiosa y reconocida como tal por todos. Eso implica ya el surgimiento de un estado "ultra" mínimo: hay una

---

[38] (1974).

agencia de protección de derechos a la cual casi todos aceptan en sus veredictos, sencillamente porque es más barato hacerlo (en estas argumentaciones introduce siempre Nozick el principio de maximización monetaria de la microeconomía convencional, aunque sin explicitarlo).

¿Pero por qué "ultra" mínimo? ¿No es acaso ya eso el gobierno mínimo de los liberales clásicos? Aún no, porque hay personas que pueden no haber aceptado la protección de agencia dominante de la situación anterior. Pero vi ven en un radio cercano, y por ende son *free riders* de los beneficios que brinda la agencia de protección. Sin embargo, pueden, potencialmente, agredir a los clientes de la agencia dominante. Estos últimos piden protección contra esa posible agresión. Además, el no cliente puede ser agredido por un cliente de la agencia dominante o por cualquier otro. Y además la agencia dominante puede esgrimir que debe sacar al no cliente sus armas para defender a sus clientes, al mismo tiempo que lo "compensa" por ello, dándole protección de sus derechos. Todo esto implica que al free rider le es más barato asociarse a la agencia dominante. Los no clientes remanentes pasan, por ende, por este proceso de "mercado" a asociarse a la dominante. Surge por ende el gobierno mínimo, el gobierno liberal clásico, cuya única función es brindar protección y seguridad para proteger los derechos de los ciudadanos.

La teoría de Nozick puede tener muchos interrogantes, pero lo interesante es que, ante nuevos ímpetus de teorías anarquistas, Nozick quiere ofrecer una nueva versión del contractualismo de J. Locke para explicar, mediante un modelo no histórico, sino teorético, por qué las personas "tienden" por una especie de cuasi proceso de mercado, a asociarse alrededor de un estado "mínimo" que custodie sus derechos. "Mínimo" porque cualquier otra acción de ese estado es una violación de los derechos individuales. ¿Y por qué? Esta es precisamente la disidencia con J. Rawls en cuanto a la redistribución de ingresos.

Igual que en J. Locke, Nozick tiene una noción de derecho de propiedad anterior al contrato del cual surge el estado mínimo. Un derecho de propiedad en cierto sentido "absoluto". Esta es una premisa fundamental del sistema de Nozick, común también a otros autores como Rothbard, a pesar de sus diferencias sobre el papel del gobierno (esta noción de propiedad no aparece en otros autores no menores como Mises, Hayek y Buchanan).

Vamos a suponer que, en una sociedad compuesta de 10 personas, hay 8 personas prosperas, un indigente y la que queda es el gobierno "mínimo". ¿Tiene esta última el derecho a cobrar un impuesto adicional para subsidiar al indigente? No en Nozick (menos aún en Rothbard) porque los 8 restantes tienen derecho a la propiedad, y es significa en primer lugar a la propiedad de su "persona". Sacar les por la fuerza es lo mismo que un robo. No significa esto que no esté moralmente bien ayudar al indigente, pero con recursos propios. Una acción del estado mínimo encarada hacia ese fin implicaría un robo, esto es, ayudar al indigente con recursos ajenos obtenidos por la fuerza.

Por otra parte, puede ser que, entre esos 8 restantes, 2 sean multimillonarios porque ofrecen bienes y servicios altamente demandados por los 6 restantes. Eso, que para Rawls es "arbitrario moramente a menos que se compense a quienes están peor" (el indigente) para Nozick es justo. El razonamiento es clarísimo: esos dos multimillonarios (X y Z) tiene (como los 8 restantes) derecho a sus capacidades naturales ("natural assets").

Luego, todo lo que se derive por proceso de mercado de esa situación de justicia originaria, es justo. La desigualdad de ingresos es justa porque parte de una premisa justa, a saber, la propiedad (absoluta, en cierto sentido) de sus capacidades naturales.

Es posible que alguno diga "¡muy bien Nozick!", o a l contrario. Pero, independientemente de que estemos de acuerdo o no con Nozick, lo que vamos a plantear es esto: ¿es esta una "refutación" a Rawls? En cierto sentido si, en cierto sentido, no.

En cierto sentido no por tres razones. Primera, es una "crítica externa" como diría Caldwe ll[39]. Esto es, niega lo que Rawls afirma. ¿Y qué va a decir Rawls ante ello, o un socialdemócrata rawlsiano? Pues simplemente afirmarse de vuelta en su propia posición.

---

[39] En *Beyond Positivism* (1982).

Rawls niega que haya derechos naturales previos al contrato. Que se los afirme desde otro paradigma, no lo refuta. Simplemente dirá "claro, esa es precisamente la propiedad privada que yo considero radicalmente injusta".

Segunda, ¿qué hacemos con el indigente en esta situación? Vamos a suponer que el indigente es un discapacitado absoluto, o un niño de un mes de vida abandonado. Vamos a agregar la premisa hipotética de que ninguno de los ocho restantes quiere, voluntariamente, ayudar. Si la respuesta es "bueno, mantenemos nuestra posición, que se muera", creo que sencillamente, desde el punto de vista práctico, la posición liberal clásica se debilita, y no hace más que enardecer al partidario de la redistribución de ingresos. Es una conjetura, y estoy obviamente abierto a la crítica y al debate.

Tercera, ¿qué respuesta es esta frente a la crisis actual de la democracia? Por un lado, excelente: volver a las funciones limitadas del gobierno liberal clásico. Pero, ¿cómo? ¿De qué modo? *El tema de las políticas de transición es una de las grandes dificultades de liberalismo clásico actual*[40].

Pero, por el otro lado, sí. Esto es una contestación a Rawls, en dos sentidos:

a) Rawls no puede descartar toda fundamentación del derecho de propiedad, previa al contrato, diciendo que ello es "metafísica", pues ya es metafísica su propia concepción de dignidad kantiana[41].

b) Rawls parece desconocer las explicaciones del proceso de mercado de la Escuela Austríaca, según las cuales los salarios se ubican alrededor de la productividad marginal, no bajo el supuesto de competencia perfecta, como él supone, sino bajo el supuesto de conocimiento disperso. Esto último, más algún tipo de fundamentación de la propiedad, implica que no sean injustas "a priori" las diferencias de rentas y patrimonios, como él supone.

[39.] Ver al respecto el ensayo de R. Dania citado en bibliografía, y los ensayos compilados por P. Boetkke en *The Elgar Companion to Austrian Economics* (1994).
[41] Esto fue señalado incluso por Habermas. Ver al respecto el debate entre ambos (1994).

Por todo esto, Nozick se ha convertido en una especie de héroe teorético de muchos liberales clásicos, al afirmar decididamente la justicia de los derechos de propiedad, la justicia de las diferencias de rentas y patrimonios que de él derivan, y oponerse claramente al *Welfare State*. Sin embargo, queda flotando en el aire una pregunta más práctica, que en cierto sentido Buchanan y también Hayek nos ayudarán a responder.

CAPÍTULO NUEVE:

HACIA LA RECUPERACIÓN DE LA DEMOCRACIA EN BUCHANAN Y HAYEK

James Buchanan es conocido como uno de los creadores, junto con G. Tullok, de la escuela del *Public Choice*. Su libro clásico al respecto es "El cálculo del consenso", de 1962[42]. Pero ¿qué tiene ello que ver con la pregunta que dejamos pendiente? En una conferencia autobiográfica dada en el 2001 en la Universidad Francisco Marroquín[43], Buchanan dice algo muy interesante. Refiere a la obra de Schumpeter, "Capitalismo, Socialismo y Democracia", de 1942, donde el famoso autor austríaco predecía ya la degeneración de la democracia en una corrupción sin fin de intereses y grupos de presión. Lo interesante del caso es que ese pesimismo estimula el programa de investigación del joven Buchanan. ¿Tenía que ser as í? ¿Tenemos que elegir entre democracias corruptas o dictadores corruptos? ¿No puede volverse a la idea fundadora que inspiró la Constitución de los EEUU?

Continúa diciendo Buchanan que el encuentro casual con un libro hasta entonces olvidado fue decisivo. Se trata de un libro del famoso economista sueco Knut Wicksell, de 1896, que era nada más ni menos que su tesis sobre decisiones públicas. He allí la inspiración de una de las tesis centrales de la decisión pública de Buchanan y que se puede observar bien en su libro ya citado de 1962.

Wicksell advertía ya algo que fue central en la posterior teoría del Public Choice, que Buchanan repitió hasta el cansancio y que pocos aún lo han escuchado. Debemos olvidarnos de gobernantes benévolos, que van a tomar decisiones en función del interés de todos. Sus decisiones van a estar ligadas a los intereses de quienes los votan.

---

[42] (1980).

[43] "Mi peregrinaje intelectual", en *Tópicos de la Actualidad*, CEES, marzo 2001.

Aquí debemos hacer un alto en el camino. Esto ha sido muy criticado. Pero Buchanan no dice que necesariamente es así la naturaleza humana. Lo plantea como un modelo de análisis, donde la política es concebida como oferta y demanda de bienes públicos. Como modelo, creo que sólo pretende sacar conclusiones fructíferas para una nueva organización constitucional. En relación con la realidad, Buchanan dice expresamente que él y sus colegas trataban de pasar al lenguaje de la economía actual la intuición que tuvieron los constitucionalistas norteamericanos, y sobre todo Madison, cuando advirtieron que los gobernantes no son ángeles y que la necesidad de una Constitución está fundada en el supuesto (bastante realista) de que las personas tienden a abusar del poder, independientemente de que puedan presentarse raros casos de estadistas buenos e inteligentes.

Pero sigamos. Las decisiones públicas afectan a los bienes públicos. Vamos a suponer que los habitantes de una ciudad quieren construir una plaza. Si el municipio tuviera un dictador todopoderoso, correrían el riesgo de que el dictador tomara la decisión más cara y arbitraria. Para que esto no suceda, el extremo opuesto sería una regla de unanimidad de acuerdo para tomar la decisión. Nadie podría decir que le sacaron algo del bolsillo sin su consentimiento, pero muy pocas decisiones podrían tomarse de este modo, sobre todo cuantos más sean los afectados. Lo intermedio sería una regla que acercara la decisión a la unanimidad, por ejemplo, dos terceras partes.

Pero es aquí donde Buchanan aclara que hay dos tipos de reglas[44]. Una está formada por el encuadre constitucional bajo el cual se toman *otras* decisiones públicas. Allí se "desplaza" la unanimidad de Wicksell.

Otra, una regla de descentralización, según la cual decisiones públicas como la del ejemplo deben estar restringidas al nivel municipal, financiadas por impuestos locales y con el consentimiento de los contribuyentes, de modo tal que no afecten al "encuadre institucional" que ya estaría establecido a nivel *federal* por una

---

[44] *El cálculo del consenso*, op.cit., p. 116 y p. 138.

constitución limitante del poder. La constitución se establece, así como un modo de evitar los altos costos de las decisiones públicas. Pero ¿cómo se logra el consenso para ese encuadre institucional? Esa es la pregunta que, utilizando teoría de los juegos teoría de los bienes públicos, contesta Buchanan en 1975, en su libro "The Limits of Liberty"[45]. Este libro, junto con el de Rawls y el de Nozick, se convierte en el tercer modelo hipotético que reedita la teoría del contrato social. Pero el autor reelaborado aquí no es Locke, sino Hobbes. Buchanan establece la hipótesis de una situación de beligerancia que concluye cuando los participantes advierten que están participando de un juego de suma negativa, y que, si dejan de luchar y pasan a comerciar, pasan entonces a un juego de suma positiva. Buchanan explícitamente se refiere a Rawls y afirma que cuando cesa la lucha, la distribución existente es una "distribución natural", a partir de la cual hay también un "velo de ignorancia", pero para adelante: se acepta que "no se sabe" cómo seguirá la distribución de la renta, pero a partir de una situación que es mejor para todos. Esta contestación a Rawls es muy interesante porque le contesta desde premisas más ligadas a él: en Buchanan tampoco hay, antes del contrato, derecho natural de propiedad, y este último surge por la relación entre propiedad, escasez y mayor productividad (hemos visto que una respuesta así no sería hoy contraria a los postulados del derecho natural secundario según Sto. Tomas).

Pero, claro, si 100 personas se dedican entonces a comerciar entre sí, puede darse el caso de que una de ellas "robe" a las demás obteniendo beneficios sin dar nada a cambio. Si esa conducta se generaliza, se volvería a la situación de beligerancia anterior, que era menos productiva. Para evitarlo, las 100 personas acuerdan en llamar a una 101 con poder de coacción para evitar los robos. Ese es el surgimiento del primer pacto constitucional: un gobierno mínimo donde se establece el conjunto de normas (constitución) dedicadas a custodiar la propiedad.

---

[45] (1975).

En una constitución federal así se distingue entre una *rent seeking society* y una *profit seeking society*[46]. Una "sociedad en busca de ganancia" es una sociedad donde el modo de aumentar el ingreso es participar del sistema de mercado. Una sociedad en busca de renta, en cambio, es una sociedad donde los grupos de presión, como su nombre lo indica, presionan sobre el gobierno para obtener la repartición de su renta. Esto se produce precisamente cuando el conjunto de reglas constitucionales no restringe las decisiones sobre los bienes públicos al orden municipal. Surge entonces el Welfare State, un estado redistribuidor de ingresos que, como habíamos dicho en el caso de Rawls, implica volver a un gobierno con poderes absolutos, aunque ahora se llame a eso cámara de representantes. La propuesta de Buchanan implica cortar de raíz es posibilidad, al limitar las decisiones de los bienes públicos y los gobiernos municipales y limitar las atribuciones fiscales del gobierno federal solamente para la constitución federal y la custodia de la ley, como único bien público financiado por todos al mismo tiempo.

De modo más evolutivo, Hayek había planteado propuestas parecidas. Ya lo había sugerido en Los fundamentos de la libertad[47], de 1960, pero en el prefacio al libro tres de Derecho, Legislación y Libertad[48] no podría ser más explícito. Afirma expresamente que el primer intento de formar una sociedad de hombres libres ha fracasado, pero su intención es intentarlo de vuelta a nivel constitucional. Las diferencias se concentran en que las propuestas de Hayek se encuadran en su teoría evolutiva de los órdenes sociales, pero últimamente autores como V. Vanberg han visto que ambos autores confluyen en un solo paradigma, llamado *Constitutional Political Economy*[49], donde el objetivo es volver a instituciones constitucionales eficientes para la limitación del poder y el eficaz manejo de los bienes públicos.

---

[46] Ver articulo homónimo en *The Logical Foundations of Constitutional Liberty*, (1999).
[47] (1975).
[48] (1978/79/82).
[49] Ver la voz correspondiente en *The Handbook of Economic Methodology* (1999).

Pero volvamos a Hayek. En otros ensayos más cortos, como *Libertad económica y gobierno representativo*, o *Liberalismo*[50], Hayek ya había sugerido claramente que las decisiones sobre bienes públicos estatales (que pueden ser, aunque privatizables, cuestiones tales como salud, educación, seguridad social) deben estar limitadas al orden municipal y esto, a su vez, con los siguientes límites: a) que su financiación no sea monopólica, b) que no sea financiada con emisión monetaria; c) que no sea financiada con impuestos progresivos a la renta, d) que los impuestos sean locales, esto es, decididos por los habitantes del municipio. En el referido tomo III de Derecho, Legislación y Libertad, muchas de estas reglas son elevadas a nivel de la constitución federal. La coincidencia con Buchanan no podría ser más explícita.

Esta confluencia de planteos, preocupaciones y propuestas entre Hayek y Buchanan merece de nuestra parte las siguientes reflexiones:

1. Ambos autores proponen una solución al problema democrático actual. Ambos proponen salir del *Welfare State*, de la *rent seeking society*, pero dejan abierta una distribución de bienes públicos a nivel municipal. Esto es totalmente contrario a la socialdemocracia, al mismo tiempo que da una salida concreta a la pregunta por el indigente absoluto, que habíamos dejado planteada en Nozick. Algunos anarcocapitalistas, como De Jasey[51] han visto esto como una concesión al socialismo, pero creo que no advierten que dentro de los modelos de Buchanan y Hayek no hay derechos *absolutos* de propiedad (sobre todo en Hayek, donde todo es *evolutivo*).

2. Los problemas de las democracias actuales tienen, por ende, propuestas de solución, escritas globalmente hace unos 40 o 30 años, y muchos parecen no haberse ni enterado. Estas propuestas pueden ser falibles, pero consisten en volver al espíritu originario de la constitución limitante del poder en los EEUU fundacionales. Puede ser que tengan razón los anarcocapitalistas, esto es, que ese

[50] En *Nuevos Estudios* (1981).
[51] Ver *Against Politics* (1997).

gobierno mínimo tampoco va a funcionar. En ese caso no habría problema en ver a estas propuestas como medidas de transición. Para mí, sin embargo, todas las políticas concretas son de transición, dado que el sistema social perfecto no existe y el fin de la historia no coincide con ningún sistema social en particular.

3. Estas propuestas son, al mismo tiempo, morales y eficientes, con lo cual se cumple uno de los objetivos centrales del curso. Eficientes, porque de sociedad en busca de renta se pasa a una sociedad de libre mercado donde los bienes públicos estatales son reducidos de modo no monopólico a nivel municipal. Ahora bien, todo esto es ético, porque hemos visto que en un autor como Santo Tomás lo que es *útil a la sociedad* está dentro de los preceptos secundaros de la *ley natural*. La eficiencia a nivel social es un subconjunto, así, de la moral.

Queda abierto, así, un programa de investigación y un futuro político para la democracia. Cabe reconocer que los políticos de EEUU y Europa no parecen haberse enterado (ni qué hablar de algunos sectores de Sudamérica), pero lo importante es que sepan todo esto quienes los asesoran. Lo cual deja la puerta abierta a nuestro último capítulo.

CAPÍTULO DIEZ:

MAQUIAVELO AL REVÉS

Hemos visto que hay dos concepciones básicas de eso que llamamos "política". Una, la habitual: cómo acceder al poder y cómo mantenerse e n el poder. Otra, la cuestión del "límite" de poder, que ha concentrado los temas de este libro.

A su vez, debemos manifestar nuestro escepticismo, también, sobre si Maquiavelo es ese "malo" de la película habitualmente descripto como alguien que aconseja al gobernante cómo mantenerse en el poder con independencia del tema moral. Tenemos nuestras dudas de que haya sido así.

Pero supongamos que, efectivamente, el "peso" de su filosofía política haya sido el tema de la "conservación" del poder (nada hay de malo en ello "en sí" considerado). ¿Qué sucedería si intentáramos, salvando las distancias, un ejercicio contrario? Esto es, hemos concentrado todo nuestro curso no en cómo mantener el poder, sino en la pregunta por el límite al poder.

Hemos visto que, frente a un casi fracaso de las democracias actuales al respecto, y frente a los siempre cantos de sirena de dictaduras autoritarias, hay propuestas, como las de Hayek y Buchanan, sobre cómo reinsertar nuevamente a la democracia en el camino de un estado de derecho, de una democracia "limitada" por derechos individuales que estén más allá de la voluntad arbitraria de las mayorías y las luchas intestinas de los grupos de presión.

Pero entonces la pregunta es la siguiente: en la política concreta, ¿cómo ir hacia esas propuestas? Tanto en democracias consolidadas como las europeas o las de Estados Unidos, como en las incipientes y débiles democracias sudamericanas, o en ciertas democracias asiáticas, se plantea el mismo problema: ¿cómo reformar el sistema desde dentro? ¿Cómo limitar una democracia sin salirse de ella? Eso sería un "Maquiavelo al revés". En vez de cómo mantenerse en el poder, cómo limitar al poder. Pero desde este enfoque: conociendo las propuestas de Hayek y Buchanan al respecto, ¿cómo las implementamos? Vamos a intentar una serie de respuestas, que espero que generen mucho debate.

1. No intente encontrar a políticos sabios, santos y heroicos. No creo que los encuentre. Tampoco busque, obviamente, a los criminales o directamente mafiosos. Busque aquellos que más o menos saben que el socialismo o la socialdemocracia no es el camino. Habitualmente no están formados en filosofía política y tienen una moral media. No son héroes, responden a una estructura partidaria llena de dudosas lealtades, tienen precios políticos que pagar y tampoco tienen la intención de poner en riesgo la vida de su familia ni sus propiedades.

2. Gánese su confianza como persona capacitada, como persona formada profesionalmente en temas de economía, derecho constitucional, etc. Para eso, jamás compita por puestos de poder. El político confiará en usted si sabe que usted se mantendrá como asesor, no como competidor.

3. Observe atentamente cuál es el marco cultural que rodear a su país. Si usted está formado en Hayek, sabrá bien de la importancia del marco cultural y de las tradiciones que, aunque cambiantes, son las que permiten al político y a los votantes *interpretar* lo que usted esté diciendo desde su formación en Mises, Hayek, Buchanan, Nozick o Rothbard. Este punto es fundamental. Usted puede proponer nuevas reglas de juego, pero el punto es: ¿*interpretarán los demás lo que usted dice del modo que usted lo está pensando?*

4. En función de lo anterior, trate de aplicar su perspicacia política (los antiguos lo llamaban prudencia política) para ver si la situación cultural en la que está le demanda una política más gradual o más "de fondo". No hay normas generales para darse cuenta de esto.

5. Si va a proponer políticas graduales, tenga en cuenta que el precio que está pagando es que las reformas constitucionales (institucionales) de fondo quedan relegadas, siendo, sin embargo, las más importantes. Por ende, tengamos a las políticas graduales

como una última instancia, pero a veces necesaria porque el marco cultural existente no da para más.

6. En el caso de cualquier propuesta, distinga entre el corto, mediano y largo plazo. Esas tres instancias deben ir estableciendo sucesivas políticas de desregulación y liberalización de los mercados, en todos los órdenes (eso incluye a la salud, educación y seguridad social). Las políticas de corto y mediano plazo tienen que incluir políticas de desmonopolización de bienes públicos estatales, moneda inclusive.

7. En todos estos casos, usted no va a aplicar el ideal de modo inmediato, sino que va a trabajar sobre lo "culturalmente posible". Eso implica aplicar la noción de tolerancia: soportar un mal para evitar males mayores. Si usted propone, como asesor, una política de desmonopolización del sector educativo (por ejemplo), usted no es *causa* del sector educativo estatal que quede, aunque lo *tolere* en función de un bien mayor, y ese bien mayor es la privatización total a largo plazo.

8. Los puntos anteriores suponen el acceso al poder de sectores "moderados" que aplican reformas sucesivas. En general son difíciles de mantener, pero a veces se logra.

9. Si conforme al punto cuatro están dadas condiciones culturales para aplicar políticas de fondo, menos progresivas, entonces esa reforma debe ser:

a) constitucional. Esa es la clave. Debe proponerse una reforma constitucional, donde los puntos básicos sean:

1. Municipalizar y desmonopolizar todos los bienes públicos ofrecidos por el gobierno federal, excepto la Suprema Corte y las Fuerzas Armadas (este "excepto" será mmal visto por un anarcocapitalista. Le pedimos que lo vea como una política de transición).

2. Establecer en el texto de la constitución federal el punto uno. Eso corta de raíz al *Welfare State* y la danza de los grupos de presión alrededor del gobierno federal.

3. Eliminar todos los impuestos a la renta, también dentro del texto constitucional.

4. La desmonopolización debe llegar también a la esfera monetaria. Los bancos centrales estatales pueden mantenerse, desmonopolizados, hasta su total eliminación.

5. No incluya en el texto constitucional los llamados "derechos sociales". De lo contrario, se verá obligado a contradecir el punto uno. Los municipios tienen ya vía libre para la provisión desmonopoliza da de bienes públicos en materia de salud, educación y seguridad social.

6. Elimine el voto obligatorio y toda ley de partidos políticos.

7. Reduzca el poder legislativo a una sola cámara de pocos miembros con elección indirecta.

8. Sea cuidadoso a la hora de redactar las atribuciones de los poderes ejecutivo y legislativo, de modo tal de no contradecirse con los puntos anteriores. Incluya una cláusula donde expresamente se declare inconstitucional toda acción de dichos poderes no establecida en sus atribuciones específicas.

9. El texto constitucional debe eliminar de raíz todas las aduanas y controles migratorios.

10. Debe quedar claro que los puntos anteriores no tratan de "políticas" sino de normas constitucionales.

b) Inmediata. Igual que Maquiavelo, que dijo expresamente que si hace algo doloroso, hágalo inmediatamente. Esta reforma constitucional debe ser la primera y única ley presentada al congreso. Al menos en los tres primeros meses debe quedar lista. Si eso no se logra, quiere decir que se cometió un error en la evaluación prevista en el punto cuatro.

c) Dentro de las condiciones culturales a las que nos estamos refiriendo, está el tipo de líder al cual le está proponiendo y asesorando todo esto. Si es un buen comunicador, instintivo, él sabrá cómo "explicar" todo esto en un lenguaje que a usted no se le hubiera ocurrido nunca en sus años de estudio (eso se llama conocimiento tácito, disperso, informal). Su papel es explicar todo esto a él, no al público. Si el político es un comunicador nato, él es el puente entre los libros la gente, no usted. Pero esto no minimiza su papel. Al contrario, si usted no está, el comunicador nato está perdido. De usted espera él el consejo "técnico" apropiado. Y, vuelvo a decirle, jamás se le ocurra competir por el puesto que ocupa el político.

d) Si el que accede al poder es una buena persona y nada más, medio indecisa y sin llegada, rece. Todo se retrasará más.

e) No proponga pactos con organismos internacionales (ONU, Banco Mundial, FMI, etc.) que habitualmente contradicen estas reformas, excepto que ellos sean el *mal menor* frente a un eventual fracaso de la reforma de fondo.

Habría, por supuesto, mucho más que decir, pero obsérvese que he tratado de mantenerme en un nivel general dentro de circunstancias locales que son muy variadas. Este capítulo pudo haber sido mucho más falible que las anteriores, pero al menos no queremos concluir con un libro de filosofía política que no tenga nada que decir frente a la obvia pregunta: ¿qué hacer? Como vemos, hay mucho por hacer, que surge no de la lucha por el poder, sino de esas mismas filosofías políticas "altas" que son tales porque sus cimientos son muy profundos. La sociedad es y debe ser un conjunto de personas intercambiando libremente sus proyectos vitales. Todo el desafío del siglo XXI consiste en "volver" a eso. Puede ser que sea difícil. Simplemente esperemos que no sea imposible.

BIBLIOGRAFÍA GENERAL
(En orden de temas vistos)

1. The Handbook of Economic Methodology, edited by J.B.Davis, D.W.Hands and Uskali Maki; E. Elgar Publishing.

2. García Venturini, J. L.: *Politeia*, Buenos Aires, Troquel, 1978.

3. Maquiavelo, N.: *El príncipe*, Altaya, Barcelona, 1993.

4. Hayek, F. A. Von: *Los fundamentos de la libertad*, Unión Editorial, Madrid, 1975.

5. Hayek, F. A. Von: "Liberalismo", en *Nuevos Estudios*, Eudeba, Buenos Aires, 1981.

6. Santo Tomás de Aquino: *Suma Teológica*, ediciones diversas.

7. Maritain, J.: *Humanismo Integral*, Carlos Lohlé, Buenos Aires, 1966.

8. Maritain, J.: *Filosofía de la historia*, Club de Lectores, Buenos Aires, 1985.

9. Marías, J.: *Historia de la filosofía*, ED. Revista de Occidente, Madrid, 1943.

10. Zanotti, Luis J.: *Etapas históricas de la política educativa*, Eudeba, Buenos Aires, 1971.

11. Wojtyla, K. (Juan Pablo II): *Cruzando el umbral de la Esperanza*, Plaza y Janés, Barcelona, 1994.

12. Mises, L. Von: *Liberalismo*, Unión Editorial, Madrid, 1977.

13. Grondona, M.: *Las condiciones culturales del desarrollo económico*, Buenos Aires, Planeta, 1999.

14. Habermas, J.: *Teoría de la acción comunicativa*, Taurus, Madrid, 1992.

15. Nubiola, J., Conesa, F.: *Introducción a la filosofía del lenguaje*, Herder, Madrid, 1999.

16. Artigas, M.: *Lógica y ética en Karl Popper*, Eunsa, Pamplona, 1998.

17. Hayek, F.A. von: "Scientism and The Study of Society", en *The Counter-Revolution of Science*, Liberty Press, 1979.

18. Hayek, F.A. von: "Degrees of Explanation", en *Studies*, University of Chicago Press, 1967.

19. Hayek, F.A. von: *The Theory of Complex Phenomena*, University of Chicago Press, 1967.

20. Zanotti, Gabriel J.: *Introducción filosófica a Hayek*, UFM/Unión Editorial, Madrid, 2003.

21. Hayek, F.A.von: "Economics and Knowledge", en *Individualism and Economic Order*, Midway Reprint, 1980.

22. Feyerabend, P.K.: *Tratado contra el método*, Tecnos, Madrid, 1981.

23. Zanotti, Gabriel J.: "Feyerabend en serio", en *Studium* (2002), Fasc. X.

24. Feyerabend, P.K.: *Adiós a la razón* [versión inglesa], Tecnos, Madrid, 1992.

25.Feyerabend, P.K.: *Diálogos sobre el conocimiento*, Cátedra, Madrid, 1991.

26.Feyerabend, P.K.: *Philosophical Papers*, Cambridge University Press, 1981, vol. 1, caps. 6 y 11.

27. Feyerabend, P.K.: *La ciencia en una sociedad libre*, Siglo XXI, 1982.

28.Rawls, J.: A Theory of Justice, Harvard University Press, 1971.

29. Maritain, J.: *El hombre y el estado*, Club de Lectores, Buenos Aires, 1984.

30. Rawls, J.: "Justicia distributiva", en *Justicia como equidad*, Tecnos, Madrid, 1986.

31. Zanotti, Gabriel J.: "Igualdad y desigualdad bajo d esiguales paradigmas", en *Empresa y humanismo*, en prensa.

32. Nozick, R.: *Anarchy, State, and Utopia*, Basic Books, New York, 1974.

33. Caldwell, B.: *Beyond Positivism*, Routledge, 1982.

34. Dania, R.: "Euclideanismo vs. Subjetivismo", en *Libertas* (2004), 40.

35. The Elgar Companion to Austrian Economics, VVAA, Edited by Peter J. Boettke, E. Elgar Publishing, 1994.

36. Habermas, J., y Rawls, J.: *Debate sobre el liberalismo político*, Paidos, 1998.

37. Buchanan, J.: "Mi peregrinaje intelectual", *Tópicos de actualidad*, CEES, marzo 2001.

38. Buchanan, J.: *El cálculo del consenso*, Espasa-Calpe, Madrid, 1980.

39. Buchanan, J.: *The Limits of Liberty*, University of Chicaco Press, 1975.

40. Buchanan, J.: *The Logical Foundations of Constitutional Liberty*, Liberty Fund, 1999, Vol. I.

41. Hayek, F. A. Von: *Derecho, Legislación y Libertad*, Unión Editorial, Madrid, Libros I, II y III, 1978, 1979 y 1982, respectivamente.

42. De Jasay, A.: *Against Politics*, Routledge, 1997

APÉNDICE

FEYERABEND Y LA DIALÉCTICA DEL ILUMINISMO

Este artículo fue publicado en Studium (2005), Tomo VIII, Fasc. XVI, pp. 215-238. Agradezco a las autoridades de la revista el permiso para su re-edición.

1. Introducción

El debate Popper-Kuhn-Lakatos-Feyerabend sobre filosofía de las ciencias es al mismo tiempo un debate filosófico político. Ya en otras oportunidades[52] nos hemos referido a ello, llegando a la conclusión de que una progresiva ampliación del criterio de racionalidad conduce a una concomitante "emancipación" del poder político de la ciencia. Incluso hemos apoyado claramente la propuesta de separación entre estado y ciencia hecha por Feyerabend[53], y la hemos considerado casi la clave de su pensamiento[54]. Pero hay un paso que no hemos dado: la analogía profunda que hay entre dicho planteo y la escuela de Frankfurt. En este artículo es nuestra intención desarrollar en detalle dicha analogía.

Como es bien sabido, Horkheimer y Adorno explican en profundidad en qué consiste la dialéctica del iluminismo, en su libro casi homónimo[55]. Vale la pena escucharlos una vez más a ellos mismos: ". La aporía ante la que nos encontramos en nuestro trabajo se reveló, así como el primer objeto que debíamos analizar: la autodestrucción de la Ilustración. No albergamos la menor duda —y ésta es nuestra *petitio principii*- de que la libertad en la sociedad es inseparable del pensamiento ilustrado. Pero creemos haber descubierto con igual claridad que el concepto de este mismo pensamiento, no menos que las formas históricas concretas y las instituciones sociales en las que se halla inmerso, contiene ya el germen de aquella regresión que hoy se verifica por doquier.

Si la Ilustración no asume en sí misma la reflexión sobre este momento regresivo, firma su propia condena."[56]. Esto es, la Ilustración, llamando a la emancipación de las cadenas del Antiguo

---

[52] "La epistemología y sus consecuencias filosófico-políticas", en Libertas (29), 1998.
[53] "Los orígenes epistemológicos del estado contemporáneo", en Laissez-Faire (2002), Nro. 16-17, pp. 73-90.
[54] "Feyerabend en serio", en Studium (2002), tomo V, fasc. X, pp. 185-198.
[55] Ver *Dialéctica de la Ilustración* (1944, 1947) Trotta, Madrid, 1994 1ra edición.
[56] Op. cit., p. 53.

Régimen, a la desmitificación del mundo y a liberar a la humanidad de las cadenas de la ignorancia, la pobreza y la tiranía, tiene un resultado. Opresivo. La Ilustración, queriendo liberar, oprime, porque cae en las garras de una racionalidad instrumental, esto es, una razón de dominio: dominio de la naturaleza, por la tecnociencia, dominio de unos sobre los otros, a través de la plusvalía y las consiguientes estructuras alientantes y opresoras del capitalismo. A diferencia del marxismo leninista, esta filosofía no es optimista.

Es un neo-marxismo apocalíptico: denuncia que ya estamos en las garras de la razón instrumental; ya nada se puede hacer, la modernidad, identificada con la Ilustración, fracasó. La "denuncia" está firmada en 1944. Pero no es un pensamiento postmoderno: es una razón ilustrada que denuncia su propio fracaso, con toda la nostalgia de la emancipación malograda. Menos aún, como ya se sabe, es post-moderno Habermas, quien puede salir del pesimismo total de sus maestros rescatando a la modernidad en la razón comunicativa[57].

El pesimismo de Horkheimer y Adorno se ve muy bien reflejado en la analogía tomada de la Odisea sobre el canto de las sirenas. ". Quien quiera subsistir no debe prestar oídos a la seducción de lo irrevocable, y puede hacerlo sólo en la medida en que no sea capaz de escucharla. De ello se ha encargad siempre la sociedad. Frescos y concentrados, los trabajadores deben mirar hacia delante y despreocuparse de lo que está a los costados. El impulso que los empuja a desviarse deben sublimarlo obstinadamente en esfuerzo adicional. De este modo se hacen prácticos. La otra posibilidad es la que elige el mismo Odiseo, el señor terrateniente, que hace trabajar a los demás para sí. El oye, pero impotente, atado al mástil de la nave, y cuanto más fuerte resulta la seducción más fuertemente se hace atar, lo mismo que más tarde

---

[57] Ver Habermas, J.: *Teoría de la acción comunicativa* [1981], I y II, Taurus, Madrid, 1992 Seg. Edición, y Elizalde, Luciano: *Comunicación de masas y espacio público en Habermas*, Universidad Austral, Buenos Aires, 2003.

también los burgueses se negarán la felicidad con tanta mayor te-
nacidad cuanto más se les acerca al incrementarse su poder. Lo
que ha oído no tiene consecuencias para él, sólo puede hacer se-
ñas con la cabeza para que lo desaten, pero ya es demasiado
tarde: sus compañeros, que no oyen nada, conocen sólo el peli-
gro del canto y no su belleza, y lo dejan atado al mástil para sal-
varlo y salvarse con él. Reproducen con su propia vida la vida del
opresor, que ya no puede salir de su papel social. Los lazos con
los que se ha ligado irrevocablemente a la praxis mantienen, a la
vez, a las sirenas lejos de la praxis: su seducción es convertida y
neutralizada en mero objeto de contemplación, de arte"[58].

Hemos citado este párrafo in extenso porque su esquema se
adapta a todo pensamiento emancipatorio, y también, por ende, a
Feyerabend. Por supuesto, para este neomarxismo, la praxis opre-
sora, la "Matrix" de la que no se puede salir, es el capitalismo, cul-
men de la racionalidad instrumental, capitalismo donde explotador y explotado están encerrados en la misma dialéctica. Por supuesto, nosotros no adherimos a esta dialéctica marxista[59], pero sí
adherimos a la profundidad de la analogía cuando se la aplica en
general a todo pensamiento que pretenda, de algún modo[60], un
cambio de sistema.

Las sirenas representan el anuncio de cambio de sistema, pero
ese cambio nunca llega porque el sistema, de modo inteligentí-
simo, absorbe al canto revolucionario en una apacible estética que
nada modifica. Son bellos libros que forman parte del entretenimiento, son los locos que anuncian la revolución en un bar, a la
noche, con sus amigos, son los profesores que "enseñan" la teoría
revolucionaria y luego exigen la repetición del paradigma y ponen
un 10 como premio, son las películas con "mensaje" que luego son
sólo entretenimiento para días aburridos. Veremos que Feyerabend es una sirena cuyo canto tiene un contenido importantísimo,

[58] Op.cit., p. 87.
[59] Ver la clásica crítica de E. Von Bohm-Bawerk a la teoría marxista de la explotación
en *Capital and Interest* (1884-1889-1909), Libertarian Press, 1959.
[60] Decimos "de algún modo" porque el cambio de sistema puede ser revolucionario
o evolutivo. Veremos eso más adelante.

pero el modo de interpretarlo lo ha convertido en el entretenimiento de lujo de la filosofía de la ciencia.

2. *Feyerabend: de la filosofía de la ciencia a la filosofía política*

La imagen pública de Feyerabend es la de un post-moderno de la ciencia que desafía la sola posibilidad de un método científico. Esa es su imagen más difundida luego de la publicación, en 1975, de su libro "Tratado contra el método"[61] (*Against Method*).

Se podría decir que toda la obra posterior de Feyerabend es un intento de aclarar su posición. Muy resumidamente, Feyerabend explicó que el iconoclasta principio "todo vale" (*everything goes*) de su libro del 75 no era más que una reiteración de su principio de proliferación de teorías que había establecido 10 años atrás[62]. Muy popperianamente (a pesar de que él intentaba distanciarse de Popper) la proliferación de teorías y de métodos no implica decir que no hay método, sino que, ante la vastedad de un universo desconocido, hay casos en los que "inventar" (yo lo llamo "crear") nuevas teorías y métodos que permitan seguir avanzando. Desde luego, no es esta la única aclaración que hace, pero hay una que es de especial interés para nuestro ensayo. En un diálogo imaginario, él se pregunta a sí mismo si es relativista. La respuesta es clave a nuestro juicio: "Bueno, en *Contra el método* y más tarde en *Ciencia en una sociedad libre* sostuve que la ciencia era una forma de conocimiento entre muchas. Esto puede significar por lo menos dos cosas. Primera: existe una realidad que permite enfoques distintos, entre ellos el científico. Segunda: el conocimiento (verdad) es una noción relativa. En *Ciencia en una sociedad libre* combiné de vez en

---

[61] Ver *Tratado contra el método*; Tecnos, Madrid, 1981. De Feyerabend, ver: *Adiós a la razón*; [versión inglesa]; Tecnos, Madrid, 1992; *Killing Time*; University of Chicago Press, 1995; *Diálogos sobre el conocimiento*; Cátedra, Madrid, 1991; *Diálogo sobre el método*; Cátedra, Madrid, 1989; *La ciencia en una sociedad libre*; Siglo XXI, 1982; *Philposophical Papers*, vol 1 y 2; Cambridge University Press, 1981; *Ambigüedad y armonía*; Piados, 1999; *La conquista de la abundancia*; Piadós, Barcelona, 2001; *¿Por qué no Platón?*, Tecnos, Madrid, 1985.

[62] Ver *Philosophical Papers*, op. cit., p. 105.

cuando ambas versiones, en *Adiós a la razón* utilicé la primera y rechacé la segunda"[63]. ¿Cómo interpretamos este denso párrafo? Del siguiente modo. Primero, observemos que no dice que la ciencia no es conocimiento, sino que es "una forma" de conocimiento. Segundo, agrega, coherentemente, "entre muchas", dejando abierta la puerta, por ende, a que hay "otras" formas de conocimiento[64], lo cual puede ser obvio o no dependiendo del horizonte de precomprensión del lector. "Otras formas de conocimiento" abre la puerta a *formas analógicas de racionalidad*, lo cual es clave en el debate epistemológico que va de Popper a Feyerabend.

Tercero, obsérvese el correlato ontológico: una de las dos significaciones, a las que él termina adhiriendo finalmente[64][65], es que "existe una realidad que permite diversos enfoques". Sin exigirle a Feyerabend claridad y distinción metafísica en estos temas, el contexto de sus obras nos da la pauta de que él estaba pensando desde el principio al fin de su pensamiento en una realidad "abundante" cuyo cierto univocismo "abstracto" occidental dejó de lado. O sea, analogía versus univocidad de lo real. El resultado es claro: una realidad análoga implica métodos diversos, métodos diversos que no pueden reclamar el "monopolio" de interpretación de lo real, y menos aún monopolios que pretendan imponerse por la fuerza de la coacción le gal. Eso es clave, porque allí se ve su filosofía política de fondo, ya anunciada en el cap. 18 de su libro del 75. Para Feyerabend el problema no es la ciencia, como una forma de conocimiento entre muchas, sino el monopolio legal que la ciencia ha obtenido como fruto de la unión entre estado y ciencia[66].

O sea, la preocupación de Feyerabend es el triunfo que culturalmente ha tenido el proyecto de Comte, donde la ciencia "gobierna". Aunque fuera de contexto, la introducción del referido cap. 18 pueda tal vez ilustrar esta preocupación (advertimos al au-

---

[63] Ver *Diálogos sobre el conocimiento*, op.cit., Segundo diálogo, p. 121

[64] Al respecto es clave su último libro, *La conquista de la abundancia*, op.cit.

[65] *Ciencia en una sociedad libre* es de 1978 y Adiós a la razón es de 1981. Sobre el significado del título "Adiós a la razón" nos explayaremos más adelante.

[66] Ver *Tratado contra el método*, op.cit, cap. 18

tor que el estilo de Feyerabend en este libro es, a propósito, iconoclasta y desafiante): "Así pues, la ciencia es mucho más semejante
al mito de lo que cualquier filosofía científica está dispuesta a reconocer. La ciencia constituye una de las muchas formas de pensamiento desarrolladas por el hombre, pero no necesariamente la
mejor. Es una forma de pensamiento conspicua, estrepitosa e in-
solente, pero sólo intrínsecamente superior a las demás para aquellos que ya han decidido a favor de cierta ideología, o que la han
aceptado sin haber examinado sus ventajas y sus límites. Y puesto
que la aceptación y rechazo dc ideologías debería dejarse en manos del individuo, resulta que la separación entre *iglesia* y estado
debe complementarse con la separación de estado y *ciencia*: la ins-
titución religiosa más reciente, más agresiva y más dogmática. Semejante separación quizá sea nuestra única oportunidad de conseguir una humanidad que somos capaces de realizar, pero que
nunca hemos realizado plenamente"[67].

3. *De la filosofía política a la nueva ilustración*

Coherentemente con todo esto, Feyerabend, al hablar de la
ciencia como una forma de conocimiento entre muchas, da un
paso conceptual esencial para nuestro ensayo, que es la noción de
"nueva" ilustración.

El capítulo 4 de la primera parte de *Adiós a la razón* (título cuyo
sentido, como dijimos, develaremos después) dice "Ciencia: una
tradición entre muchas". Que diga "tradición" agrega un matiz no
precisamente desechable para todo lo que estamos diciendo, pero
veamos cómo desarrolla él las consecuencias culturales de su afirmación. El lector disculpará si intercalamos nuestra interpretación
entre corchetes: ".Los más recientes intentos [o sea, *sus* intentos]
de revitalizar viejas tradiciones, [arte, religión, mito] o de separar
la ciencia y las instituciones relacionadas con ella de las instituciones del Estado [se refiere a su propuesta en el referido capítulo 18]

---

[67] Op.cit., p. 289.

no son por esta razón simples síntomas de irracionalidad [obsérvese el esfuerzo permanente por aclarar que lo suyo *no* es "irracionalidad"]; son los primeros pasos [él sabe que está abriendo un camino no recorrido hasta ahora, él sabe que es punta de flecha] de tanteo [tanteo, esto es, no una revolución planeada al estilo racionalista] hacia una nueva ilustración [o sea, está anunciando un nuevo elemento emancipatorio de la ilustración que se concentró en el s. XVIII; sin el cual dicha ilustración queda inconclusa e incoherente]: los ciudadanos no aceptan por más tiempo los juicios de sus expertos[está hablando en tiempo presente de lo que sería un futuro; lo expertos son los técnicos-científicos, que "dictan" coactivamente, a través de instituciones estatales, lo que hay que enseñar, aprender, curar, cómo curarlo, cómo prevenirlo, lo que hay que consumir, cuándo, cómo, de qué modo, etc.]; no siguen dando por seguro que los problemas difíciles son mejor gestionados por los especialistas; hacen lo que se supone que hace la gente madura [sobre la "madurez" Feyerabend cita a Kant, ahora iremos a esa cita]: configuran sus propias mentes y actúan según las conclusiones que han logrado ellos mismos"[68]. Sería bueno leer de corrido todo el párrafo: "Los más recientes intentos de revitalizar viejas tradiciones, o de separar la ciencia y las instituciones relacionadas con ella de las instituciones del Estado no son por esta razón simples síntomas de irracionalidad; son los primeros pasos de tanteo hacia una nueva ilustración: los ciudadanos no aceptan por más tiempo los juicios de sus expertos; no siguen dando por seguro que los problemas difíciles son mejor gestionados por los especialistas; hacen lo que se supone que hace la gente madura: configuran sus propias mentes y actúan según las conclusiones que han logrado ellos mismos".

La clave entonces es desentrañar qué significa "antigua" ilustración versus "nueva" ilustración, y qué puede llegar a significar "madurez". Para ello debemos ir a la cita (nro. 36) que a pie de página hace Feyerabend donde cita a Kant: "Según Kant, la ilustración se realiza cuando la gente supera una inmadurez que ellos mismos se

---

[68] Ver pp. 59-60.

censuran. La Ilustración del siglo XVIII hizo a la gente más madura ante las iglesias. Un instrumento esencial para conseguir esta madurez fue un mayor conocimiento del hombre y del mundo. Pero las instituciones que crearon y expandieron los conocimientos necesarios muy pronto condujeron a una nueva especie de inmadurez".

Otra vez, analicemos el párrafo. Primero: se dice a veces que Feyerabend es post-moderno, pero ¿qué postmoderno cita a Kant a su favor? Segundo, Feyerabend se está refiriendo obviamente al pequeño pero importantísimo "libelo" kantiano sobre qué es la ilustración de 1784[69]. Una interpretación detenida de tan importante escrito está fuera de los límites de este ensayo, pero creo que hay cuatro elementos que allí se destacan:

a) la madurez es pensar por sí mismo, y no, en cambio, que otros piensen y decidan por nosotros;

b) Kant se refiere en principio a todos los ámbitos de la vida humana pero pone su acento en el tema religioso;

c) parece estar claro que "lo" religioso, en este escrito como en otros, parece ser visto sobre todo como una imposición "por la fuerza" del dogma;

d) Kant plantea la ilustración como algo evolutivo más que revolucionario. Trataremos más adelante de dar nuestra propia interpretación de los puntos a y c. Pondremos luego un especial énfasis en el d. Por ahora enfoquemos nuestra atención en el b.

Feyerabend acepta una noción de madurez como "tomar las propias decisiones" y elogia el movimiento ilustrado del s. XVIII en el plano religioso: "La Ilustración del siglo XVIII hizo a la gente más madura ante las iglesias."[70]. Es interesante que incluso elogie el progreso de las ciencias durante ese período: "Un instrumento esencial para conseguir esta madurez fue un mayor conocimiento del hombre y del mundo."

---

[69] Ver "What is Enlightenment?", en Polanco, M.: *100 Books of Philosophy*, CD, Guatemala, 2001.

[70] Sobre la compatibilidad o no de esto con el cristianismo, nos explayaremos más adelante.

Reiteramos, ningún postmoderno, ningún auténtico relativista y-o crítico post-heideggeriano de las ciencias se expresa de ese modo. Pero (y este "pero" de Feyerabend es fundamental) se queja de que esa ilustración con dujo a una "nueva" inmadurez: la inmadurez ante la ciencia, concomitante a la dictadura de la ciencia. La ciencia toma el poder, dictamina legalmente, por medio de la coacción, lo que se enseña y lo que no, la medicina que es legal de la que no (la educación pública y la salud pública). Hay libertad "de cultos", si, pero no libertad ante la física occidental, llegando así a principios del s. XXI donde el estado cuidará incluso qué hamburguesa y cuánto colesterol ingiere el ciudadano de este mundo feliz orweliano y comtiano en el cual ya estamos definitivamente instalados. Esto le resulta a Feyerabend, diríamos, coherentemente.

Incoherente. Si "debe" haber madurez (propias decisiones) frente a lo religioso, ¿por qué no frente al científico? Consiguientemente, la "nueva" madurez que Feyerabend propone *afecta a nuestras creencias culturales más firmes*. Él está reclamando la libertad del ciudadano ante la ciencia, a eso lo llama "nueva" madurez, y por eso propone separación entre estado y ciencia. Si el sacro imperio romano-germánico consideraba que, dado que la Fe era lo más importante y verdadero, debía ser custodiada por el "brazo secular" y consiguientemente ni se concebía la libertad política ante lo religioso dentro de un reino cristiano (lo mismo en un reino musulmán), ahora el sacro imperio científico considera que, dado que la ciencia es (sería) lo más importante y verdadero, entonces debe ser impuesta coactivamente y "ni se concibe" que pueda ser de otro modo. Y de igual modo que la antigua ilustración del s. XVIII trató de lograr la libertad política ante lo religioso y por ello se llamó a la "separación"[70][71] entre Iglesia y estado (muy diferente, sin embargo, fue la separación norteamericana de la europea[72]), la "nueva" ilustración reclama libertad ante la ciencia y

---

[71] Después nos explayaremos más sobre el sentido de esta "separación".

[72] Ver carta *Longinqua oceani*, de León XIII, del 6-1-1895, en *Doctrina Pontificia*, Libro III, BAC, Madrid, 1964.

propone separación entre estado y ciencia. Y si ante la pregunta de
por qué libertad en lo religioso si y en lo científico no, se contesta
"porque la ciencia es probada y verdadera" Feyerabend le hará ver
que usted no dio un solo paso conceptual adelante desde el s. XIII,
donde no había libertad religiosa, como hoy la entendemos, precisamente *porque* se consideraba que la religión era probada (por
otros métodos) y verdadera. No hay distinción cultural entre el
inquisidor de antaño y el experto y funcionario estatal contemporáneo. Ambos se manejan con el mismo criterio: "la verdad debe
ser impuesta, sobre todo a los ignorantes que no logren protegerse
de su propia ignorancia". De los colonialismos e imperialismos religiosos de antaño a los colonialismos e imperialismos laicos del s.
XIX (y sus derivaciones) sólo hay un cambio de contenido, no de
concepción ni de método. Del imperio romano al imperio científico no mucho ha cambiado; sólo, a quién dar culto.

4. De la nueva ilustración a la dialéctica del iluminismo

Por lo tanto, para Feyerabend, igual que para la escuela de
Frankfurt, también el iluminismo ha sufrido una peculiar aporía.
La aporía consiste en que el iluminismo racionalista, queriendo
liberar, emancipar a la humanidad de sus cadenas, la oprime. Y la
oprime en un sentido jurídico del término, esto es, oprime con
todo el sistema jurídico emanado en parte del espíritu de la Revolución Francesa (porque el *common law* inglés es diferente)[73].
Pero esta dialéctica no apunta a las clásicas críticas liberales contra
los totalitarismos y los autoritarismos. El punto de Feyerabend es
otro: esta dialéctica tiene su punto de inflexión en el autoritarismo
explícito, pero culturalmente no percibido, de los estados laicos y
científicos de Occidente a partir del s. XVIII. La medicina se hace
legal o ilegal, y el punto de distinción radica en "el" método científico.

---

[73] Ver Hayek, F. A. Von: "Liberalismo" (1973) en *Nuevos Estudios*, Buenos Aires,
Eudeba, 1981.

La educación se hace generalmente obligatoria[74], pero no en ninguna fe religiosa, sino en las ciencias "y en las letras" (distinción errónea según el espíritu de Feyerabend, desde luego) según la enciclopedia francesa. Estados laicos de fines del s. XIX, como el italiano, el mexicano, el argentino, "unifican" culturalmente según sistemas educativos coactivos regidos por las normas del positivismo pedagógico[75].

Los colonialismos laicos siguen el mismo patrón de conducta, y el estado laicista, como reacción contra el clericalismo, comienza a asumir todo el orden familiar, y surge el casamiento civil obligatorio. A eso se suma, ya en el s. XX, una adaptación no soviética de la plusvalía, llamada redistribución de ingresos, y sobre todo después de la Segunda Guerra surgen con toda su fuerza los *welfare states* y los estados providencia europeos (estado "providencia" es toda una definición cultural de por dónde pasa ahora la "providencia").

A la salud pública obligatoria, la educación obligatoria, se suma con toda coherencia la seguridad social obligatoria, y con toda coherencia, también, después de la segunda guerra las naciones occidentales más desarrolladas de cierran al movimiento libre de capitales y personas: se extienden los controles migratorios, las visas, etc. "*Conservativs*" y "*liberals*" discuten los *moral issues* pero dando por supuesto todo este sistema de *estado-nación científico*. ¿Tienen los homosexuales el derecho al matrimonio? Pero lo que nadie o casi nadie pregunta es por qué el estado tiene que casar, porqué debe haber ese seguro social obligatorio que ambos grupos, claro, reclaman del estado "protector".

La situación, en el 2005, ha empeorado totalmente: después del famoso 11 de septiembre del 2001 las razones de seguridad nacional han eliminado todas las barreras frente al avance del estado "protector" que antes al menos se declamaban, aunque no se cumplían. Estamos en un mundo hobbesiano donde las novelas

[74] Ver Zanotti, Luis J.: *Etapas históricas de la política educativa*, Eudeba, Buenos Aires, 1972.
[75] Al respecto es paradigmático el capítulo "Un muchacho calabrés", del clásico *Corazón*, de E. De Amicis, citado por Zanotti, Luis J., op.cit.

orwelianas tipo 1984 han sido plenamente cumplidas, pero. Casi no se advierte: casi nadie desde el mundo académico y casi nadie desde su lugar de ciudadano concreto, donde la demanda es cada vez más de mayor protección. Feyerabend, en cambio, ha puesto el dedo en la llaga del problema. Autores como Popper[76], Mises[77] y Hayek[78] se acercaron, pero nadie como él lo dijo tan claramente. Habermas siempre denunció la racionalización del mundo de la vida[79]; la relación de ello con lo anterior lo veremos más adelante.

Observemos que no es una dialéctica marxista clásica basada en la plusvalía (cuya aceptación es uno de los talones de Aquiles básicos de toda la escuela de Frankfurt) y menos aún en una dialéctica hegeliana de la historia. Es una sencilla incoherencia conceptual llevada a la praxis, no irreversible en su dinámica práctica, aunque sí difícilmente reversible por ahora. La incoherencia conceptual radica en que la "madurez" proclamada por Kant no termina de germinar en sus implicaciones más profundas, quizás por la raíz esencialmente antirreligiosa del iluminismo racionalista (por racionalista entendemos "positivista"). En ese sentido tiene cierta coherencia, porque el racionalismo positivista nunca cambia esta ecuación cultural: importante + verdadero = impuesto. Esta dialéctica es incoherencia conceptual si vamos hasta el fondo (tema pendiente aún) del significado de "madurez"; no incoherente si se la observa desde la ecuación referida, donde entonces la incoherencia es cultural-terminológica: el Occidente ilustrado racionalista "se cree" libre y se dice libre; Feyerabend, como filósofo, denuncia: no lo es. Pero, ¿por qué Feyerabend pasa inadvertido en este punto? Porque se cumple también aquí la analogía de Odiseo, y por eso la hemos citado anteriormente. Los "oprimidos", los ciudadanos del Occidente cientificista, no pueden "escuchar" que no

---

[76] Ver *The Open Society and Its Enemies* [1943], Princeton University Press, 1962. Sobre el supuesto "relativismo" de esta obra ver Artigas, M.: *Lógica y ética en Karl Popper*, Eunsa, Pamplona, 1998.
[77] Ver *Liberalismo* [1927]. Unión Editorial, Madrid, 1977.
[78] Ver *Los fundamentos de la libertad* [1960], Unión Editorial, Madrid, 1975.
[79] Ver Op.cit.

son libres. Ni siquiera lo conciben. Sus demandas de libertad pasan porque el estado protector cumpla o no sus demandas sectoriales diversas (el escritor que no es "libre" porque la secretaría de cultura no lo apoya; el que no es "libre" porque el estado no lo casa; el que no es "libre" porque el estado no lo "deja" entrar y no le "da" el seguro social, etc.).

Ellos siguen remando y proveyendo los recursos económicos de la máquina del Welfare State protector, educador, sanador, etc., y *reclamando* su protección. Mientras tanto, la elite de "expertos" (volveremos a ese tema después) de la burocracia estatal se atan al sistema mediante una peculiar forma. Ellos pueden llegar a saber que existe un Feyerabend, pero su horizonte de precomprensión positivista sólo lo puede llegar a interpretar como objeto de consumo, de entretenimiento. Un libro interesante que se compra, un autor cuya cita, incluso, puede llegar a "quedar bien", o alguien que puede ser objeto de una lujosa "refutación" (porque tomarse el tiempo para leer y criticar a Feyerabend, en el mundo de hoy, es lujo de pocos).

O sea, Feyerabend es tomado estéticamente, como objeto de decoración, como el amigo judío del nazi inconmovible. Por eso él es una sirena cuyo canto es transformado de denuncia en entretenimiento. Así su canto se desvanece. O sea, como dijimos en otra oportunidad, no es tomado en serio[80]. Su propio estilo de escribir, sobre todo del libro del 75 (que él mismo explica[81]) no ayudó en ese sentido. Él se burló de la ciencia positivista, pero esta reina lo tomó como el bufón del rey. Ese papel cultural es *ipso facto* la derrota del mensaje "revolucionario". El bufón no molesta. Ese es el punto: que no moleste.

Si algo como lo que dice Feyerabend es tomado en serio, meditado en todas sus consecuencias, ¿cuál sería el resultado? Feyerabend destruye uno de nuestros pisos culturales más profundos. ¿Se puede, culturalmente, soportar algo así?

---

[80] "Feyerabend en serio", op.cit.
[81] Ver *Tratado contra el método*, op.cit., nota dedicatoria a I. Lakatos.

Experimento imaginario: si un papa del s. XIII hubiera escrito, firmado y proclamado, en perfecto latín, la declaración de libertad religiosa del Concilio Vaticano II, la cultura de su tiempo, ¿lo hubiera "soportado"? ¿Lo habrían "en tendido" con toda la significación del término "entender" desde la hermenéutica de Gadamer?

Pero el filósofo, si es verdaderamente, tal, es, como dijo alguien menos burlón, funcionario de la humanidad[82], y como tal debe decir cosas a veces no del todo agradables, o a veces incompatibles con la opinión pública dominante. El filósofo es pacífico, no conoce de victorias o derrotas, porque él no vence ni es vencido, sus palabras no son bélicas, él sencillamente esparce la simiente. Pero la semilla es verdadera, el mensaje es en serio, y si alguien se da cuenta, molesta. Por eso el filósofo es esencialmente molesto, y por eso la mejor manera de defenderse de él es convertirlo en objeto decorativo.

Quedan algunas cosas importantes pendientes. ¿Cuál es el sentido de esa "madurez" proclamada por Feyerabend? ¿Es este planteo compatible con la fe religiosa, y particularmente, con el cristianismo? ¿Tiene esto algo que ver con un sentido específico de libertad religiosa? Y en lo anterior, ¿no hemos dejado pendiente la distinción entre modernidad e iluminismo? Ese iluminismo, ¿no había sido denunciado ya por Hayek como constructivismo? Pero si hay una relación con Hayek, esta "dialéctica del iluminismo" ¿no es más bien evolutiva que revolucionaria?

Vemos si podemos ir respondiendo limitadamente a esos interrogantes.

4.1. Madurez y libertad religiosa.

Lo más cercano a una caracterización de "madurez" lo encontramos en el párrafo arriba citado: "hacen lo que se supone que hace la gente madura: configuran sus propias mentes y actúan según las conclusiones que han logrado ellos mismos"[83].

---

[82] Ver Husserl, E.: *The Crisis of European Sciences*, Northwesten University Press, Evanston, 1970. Introducción.

[83] Ver *Adiós a la razón*, op.cit., pp. 59-60.

Si a su vez recordamos que Feyerabend cita aquí a Kant en Qué es la ilustración, nos introducimos en problemas bastante irresolubles desde un punto de vista de la *intentio auctoris*. Feyerabend parece responder, tal vez, al paradigma iluminista según el cual un nuevo tipo ideal (en el sentido weberiano) de "ciudadano" tomará sus propias decisiones frente a una imposición cultural forzada de la religión, tema que él traslada a la ciencia.

Pero entonces toda la filosofía política de Feyerabend parece depender del hilo delgado de suponer que las personas "saben" lo que deben y que "por lo tanto" no debe haber imposición coactiva de la verdad sobre ellas.

Pero si analizamos todo el contexto de la obra de Feyerabend, veremos que su argumentación oscila en dos carriles diferentes.

Por un lado, es verdad que rescata la sabiduría del hombre común y de lo aparentemente pequeño e insignificante ante la prepotencia del racionalismo occidental. Su último y póstumo libro es característico al respecto[84].

Pero, por el otro, sus críticas a Comte y su proyecto político, sus elogios a J.S.Mill, su insistencia en la separación entre estado y ciencia y sus analogías entre el inquisidor y el científico experto, que se expanden en toda su obra, nos muestran que estaba manejando además una noción jurídica de libertad, no necesariamente dependiente en la sabiduría o no del sujeto de libertad. Feyerabend señala claramente que, así como se pasó a la libertad religiosa en la antigua ilustración, debe pasarse a la libertad ante la ciencia en la nueva ilustración.

Ahora bien, independientemente de cuáles sean los fundamentos de este tipo de libertades, ellas pasan por una cuestión jurídica que no presupone la sabiduría del que tiene derecho a esas "libertades de": las convicciones no deben ser impuestas *por la fuerza*, lo cual implica que, así como es hoy delito imponer una fe por la fuerza, Feyerabend reclama una sociedad libre en la cual sería delito imponer la ciencia por la fuerza.

---

[84] *La conquista de la abundancia*, op.cit.

Ahora bien, debate eterno es si el fundamento "iluminista" de la libertad religiosa es el escepticismo frente a la verdad, o la imposibilidad de llegar a la certeza. J.S.Mill ha sido muchas veces interpretado en este último sentido[85], y también Karl Popper[86], aunque Mariano Artigas[87] (y yo coincido con él[88]) ha demostrado que no es así. La influencia de Mill y Popper en Feyerabend es evidente, si eso sirve para la *intentio auctoris*. Pero hemos visto sin embargo que Feyerabend aclara, él mismo, que sus argumentaciones (lo vimos en el punto 2) oscilaban entre el relativismo, por un lado, y la afirmación, por el otro, que "existe una realidad que permite enfoques distintos, entre ellos el científico", quedándose el último Feyerabend claramente con este último enfoque. De esa noción analógica de realidad, del rechazo al relativismo y del reconocimiento de que la ciencia puede estar (aunque no ella sola) en la verdad, podemos inferir que lo que Feyerabend quiere decir es que *la verdad no debe ser impuesta por la fuerza*.

Una consecuencia no intentada de este planteo de Feyerabend es que la madurez de la que habla, como característica de la nueva ilustración, no debe verse como una virtud personal, sino como una madurez "política" por la cual se hayan extraído coherentemente (para evitar la dialéctica de la ilustración) las consecuencias de que una fe religiosa no deba ser impuesta por la fuerza. La consecuencia es que eso no es más que un caso particular de una proposición general, a saber, que ninguna verdad debe ser impuesta por la fuerza[89]. Lo cual pone a Feyerabend en armonía –aunque él no lo haya pretendido- con la declaración de libertad religiosa del Concilio Vaticano II, según la cual el derecho a la libertad religiosa

---

[85] Evidentemente hay párrafos en *On Liberty* donde la incertidumbre es casi directamente proporcional a la libertad de expresión.

[86] Sobre estos debates, ver Flew, A.: "Deconstructing Popper", en *Critical Review* (1990), vo. 4, 1-2.

[87] Op.cit.

[88] "Karl Popper: antes y después de Kyoto", en *Arbor* CLXII, 642 (junio 1999), pp. 229- 243.

[89] La fuerza legítima utilizada en la legítima defensa no presupone de ningún modo el intento de convencer al otro de la verdad.

consiste en estar inmune de coacción en materia religiosa[90], y no, de ningún modo, en la duda o incertidumbre sobre la verdad, o en el indiferentismo religioso[91]. Esto es muy importante para entender al mismo Feyerabend, aunque resulte extraño. Su analogía entre el inquisidor y el experto contemporáneo comprende perfectamente que le inquisidor (al cual considera más honesto[92]) pretendía proteger al creyente de la pérdida de su salvación, de igual modo que el experto científico actual pretende "proteger" contra la ignorancia y-o la pérdida de la salud *física*. Para ambos, el mensaje de Feyerabend es el mismo: no la duda sobre la verdad, sino el deber de no imponer la verdad por la fuerza; proteger, sí, pero mediante el diálogo y no la coacción. Este paso, por otra parte, de la razón coercitiva a la razón dialógica es típico de la evolución posterior de la escuela de Frankfurt (Habermas), el último Popper, llamado el "socratic Popper"[93], y toda la filosofía del diálogo, con autores tan diversos como Gadamer[94], por un lado, y Buber[95] y Levinas[96], por el otro. En todos ellos, sin embargo, el tema de la verdad como "realidad" parece ser una sombra escolástica que molesta (muy comprensible, por otra parte, por haberse "depositado" la noción clásica de verdad en la dicotomía sujeto-objeto). En Feyerabend creemos que ese problema es sencillamente menor[97].

---

[90] Ver declaración *Dignitatis humanae* del Concilio Vaticano II (ediciones diversas).
[91] Por eso, desde nuestra humilde epistemología preguntamos cuál es el problema de una declaración como la Dominus Iesus (Ver en *L´Osservatore Romano*, edición en lengua española, 8-9-2000), como si el diálogo con religiones no cristianas y-o la libertad religiosa tuvieran que basarse en algún tipo de duda sobre la propia identidad religiosa.
[92] Ver *Adiós a la razón*, op.cit., p. 89.
[93] Ver al respecto Boland, L.: "Scientific thinking w ithouth scientific method: two views of Popper", en *New Directions in Economic Methodology*, Routledge, 1994.
[94] Ver su artículo "La incapacidad para el diálogo", en *Verdad y método II*, Sígueme, Salamanca, 1992.
[95] Ver *Yo y tú*, Nueva visión, Buenos Aires, 1994.
[96] Ver *La huella del otro*, Taurus, México, 2000, y *Ética e infinito*, Visor, Madrid, 1991.
[97] Por supuesto, la verdad no debe ser impuesta por la fuerza, no sólo física, sino tampoco lingüística, tema que en la obra de Feyerabend no queda suficientemente distinguido, pero sí es un punto común de unión, poco explorado, entre autores

De este modo queda también solucionada una eventual objeción. Si Feyerabend se entiende mejor desde el espíritu de la declaración de libertad religiosa del Vaticano II, y es esa declaración la que se objeta, desde documentos tales como *Mirari vos, Quanta cura, Syllabus* o *Libertas*[98], entonces la conclusión sería que "ambos" (Feyerabend y declaración de libertad religiosa) es tan equivocados. Según esta objeción la ciencia debería estar unida al estado de igual modo que la religión al estado. Pero nosotros ya hemos opinado que entre esos documentos del siglo XIX y la declaración del Vaticano II no hay contradicción, sino evolución[99]. El Vaticano II afirma conforme a toda la tradición anterior que la fe no puede ser impuesta por la fuerza, y por ende toda persona debe estar inmune de coacción en materia religiosa en privado "y en público". Ese agregado del Vaticano I I ("y en público") no hace más que concluir explícitamente algo que estaba implícito, a saber, la dimensión pública de la fe que se transmite transitivamente a la libertad religiosa. Y de igual modo que el Vaticano II afirma, coherentemente con lo anterior, que entre Iglesia y estado debe haber "independencia y cooperación"[100], la misma fórmula puede usarse para estado y ciencia. Independencia, esto es, no imposición de u

---

como Popper, Habermas y Nozick, y que nosotros hemos conciliado con nuestra visión cristiana del mundo en "Hacia una filosofía cristiana del diálogo" (*Sapientia* (2001), Vol. LVI, Fasc. 209, pp. 328-334). Esto es, el deber moral de no imponer la verdad por la fuerza conlleva la obligación de no engañar ni violentar al otro por medio del lenguaje, pero el detalle importante aquí es que este aspecto no puede ser "judiciable", esto es, queda ya fuera de lo que la ley humana positiva puede penar. Tiene razón Julio Cole, (conversación oral en marzo de 2005) entonces, en que la propuesta de Feyerabend deja libertad a grupos que internamente lejos están de coincidir con su propuesta de diálogo, pero eso es parte del derecho a la intimidad que protege, no el contenido de lo que se dice o se piensa, sino la no coacción "física" de la conciencia del otro. Queda por supuesto el delicado tema de los menores, tanto en temas de salud y educación, pero esa cuestión tendrá un mínimo de abordaje cuanto toquemos la diferencia revolución y evolución en Feyerabend.

[98] Ver *Doctrina Pontificia*, libro II, BAC, Madrid, 1958.

[99] Ver "Reflexiones sobre la encíclica "Libertas" de Leon XIII", en *El Derecho*, 11 de octubre de 1988.

[100] Ver *Constitución pastoral Gaudium et Spes*.

n paradigma científico por la fuerza, y cooperación allí donde haya "materia mixta".

Si un gobierno constitucional, limitado, en la tradición de una nación occidental que tenga tradición científica, decidiera usar ciertas cuestiones científicas para custodiar los derechos de los ciudadanos, entonces ellos implicarían una "cooperación" que no violaría la independencia aludida (la "separación" a la que alude Feyerabend). Esto tiene mucho que ver, por otra parte, con el carácter no revolucionario de la propuesta de Feyerabend, tema que veremos después.

4.2. La relación con las críticas de Hayek al "constructivismo".

Para terminar de comprender lo que puede ser una "dialéctica del iluminismo" no neomarxista es importante relacionar lo dicho hasta el momento con la crítica de F. A. von Hayek al "constructivismo". En otra oportunidad nos hemos explayado sobre esta cuestión más en detalle[101], ahora sólo queremos mostrar la relación.

La clave de la cuestión es la diferencia, básica en el pensamiento de Hayek, entre órdenes deliberados y órdenes espontáneos, diferencia que, sobre todo a partir del 36, atraviesa toda su obra[102]. Siguiendo la tradición de los escoceses por un lado

---

[101] En nuestro libro *Introducción filosófica a Hayek*, Universidad Francisco Marroquín, Unión Editorial, Guatemala/Madrid, 2003.
[102] De Hayek, ver: *Derecho, Legislación y Libertad* (1973,76,76), Unión Editorial, Madrid, Libros I, II, III, 1978, 79, 82; *Los fundamentos de la Libertad*, Unión Editorial, Madrid, 1975; *Hayek on Hayek*, Routledge, 1994; *The Counter-Revolution of Science*, Liberty Press, 1979; *Individualism and Economic Order*, University of Chicaco Press, 1948, Midway Reprint 1980; *Desnacionalización de la moneda*, Fundación Bolsa de Comercio de Buenos Aires, Buenos Aires, 1980; *Camino de Servidumbre*, Alianza, 1976; *The Sensory Order*, University of Chicago Press, 1976; *La Fatal Arrogancia*, Unión Editorial, Madrid, 1990; *Nuevos Estudios*, Eudeba, Buenos Aires, 1981; *Studies in Philosophy, Politics and Economics*, University of Chicago Press, 1967. Sobre Hayek, ver: Gray, J.: "Hayek y el renacimiento del liberal ismo clásico", en *Libertas* (1984), 1; Shearmur, J.: *Hayek and After*, Routledge, 1996; Cubeddu, R.: *The Philosophy of the Austrian School*, Routledge, 1993; Ebenstein, A.: *Friedrich Hayek, A Biography*, Palgrave, New York, 2001; Ebenstein, A.: *Hayek´s Journey*, Palgrave, New Your, 2003; Caldwell, B.: *Hayek´s Challenge*, University of Chicago Press, 2004.

(Hume, Smith, Ferguson[103]) y Menger por el otro[104], Hayek afirma que las instituciones sociales más complejas como el mercado, el derecho consuetudinario, la limitación al poder y hasta el mismo lenguaje no son fruto del "designio" humano (palabras de Ferguson) sino de las consecuencias no intentadas de la interacción humana en condiciones de conocimiento disperso. No podemos ponernos ahora a comentar los importantes interrogantes que todo esto plantea (Hayek es hoy en día todo un programa de investigación[105]) pero sí destacar lo importante para nuestra tesis.

Hay en esto dos consecuencias importantes, una política y otra epistemológica, aunque obviamente relacionadas. La política es que Hayek rechaza, coherentemente, toda la corriente que él llama (tal vez con un término muy discutible) "liberalismo francés" unido irremisiblemente al iluminismo racionalista de la enciclopedia y a la Revolución Francesa, como el intento de que la sociedad humana sea fruto de una "construcción" planificada. De allí sus críticas al "constructivismo"[106]. La coincidencia con lo que la escuela de Frankfurt llama razón instrumental parece relativamente evidente, con gran diferencia (a favor de Hayek, en mi opinión) de que los neomarxistas no advierten que su fuente teorética (Marx) es tan dependiente de la razón instrumental como todo aquello que bajo esa noción critican.

La consecuencia epistemológica (a la que Hayek dedica todo su proyecto de análisis del "abuso de la razón"[107]) es la crítica hayekiana a las ciencias sociales concebidas como "políticas" que deben racionalmente planificar resultados[108]. En Hayek, las ciencias

---

[103] Sobre estos autores, ver Gallo, E.: "La tradición del orden social espontáneo: Adam Ferguson, David Hume y Adam Smith", en *Libertas* (1987), Nro. 6, y, del mismo autor, "La ilustración escocesa", en *Estudios Públicos* (1988), 30.

[104] De Menger, ver *Principios de economía política* (Unión Editorial, Madrid, 1983) y *Investigations Into The Method of The Social Sciences*, Libertarian Press, 1996.

[105] Ver al respecto *Shearmur y Caldwell*, op.cit.

[106] Ver "Los errores del constructivismo", en *Nuevos Estudios*, op.cit.

[107] Ver al respecto Caldwell, op.cit.

[108] Ver al respecto Martínez, David: "F. A. Hayek, su visión de la ciencia política: derrumbar a la política de su pedestal", en *Laissez Faire* (2002), 16-17.

sociales son hipótesis sobre órdenes espontáneos, con capacidad predictiva muy limitada, cosa que no encaja en la mentalidad del planificador, ya sea Castro o el Banco Mundial, que más que contemplar, tiene que transformar, construir, planear, evaluar, medir.

¿Qué es lo "tan" interesante de esto para nosotros? La coincidencia, poco advertida, con la evolución posterior de la escuela de Frankfurt, sobre todo en el ya citado Habermas, a quien preocupa enormemente la "racionalización del mundo de vida"[109].

Las burocracias occidentales capitalistas, por el efecto de la razón instrumental de este último, habrían invadido todos los espacios del "mundo de la vida" donde la intimidad (hay aquí una evidente influencia de H. Arendt[110]) se habría perdido, sumergida bajo el "control" del "sistema", férreamente controlado por "expertos"[111] que se alejan cada vez más del ciudadano común.

Bajo la mirada de Hayek-Feyerabend, hay un resultado parecido (no igual) y con un análisis de las causas muy diferente. Es verdad que las naciones occidentales más desarrolladas, los organismos internacionales y diversos intentos de imitación, han caído en una planificación de cada detalle de la vi da humana que, volvemos a decir, constituyen ya el cumplimiento de las profecías orwelianas. Salud, educación, seguridad social, matrimonio, con todos los espacios de vida íntima que ello implica, ya perdidos, han sido absorbidos por planes, por políticas, por las decisiones de un gobierno central donde los "expertos" deciden y gobiernan. Diversos sectores debaten sobre el contenido de lo que debe ser planificado, pero no sobre la planificación en sí. Pero esta situación, donde la política ha sido puesta en el pedestal de lo humano[112] (una vuelta, tal vez, a una polis griega donde la política era la actividad más alta) lejos está de ser el fruto, como supone Habermas, del capitalismo entendido desde categorías marxistas. Es el fruto, en cambio, de la mentalidad planificadora que abarca a algunos teóricos de la revolución francesa, a los socialismos no soviéticos,

---

[109] Ver Elizalde, L., op.cit.
[110] Ver su libro *La condición humana*, Paidós, Barcelona, 1993.
[111] Ver Elizalde, L., op.cit., caps. IV y V.
[112] Ver Martínez, David, op.cit.

a la democracia ilimitada, al crecimiento de las atribuciones de los gobiernos centrales occidentales, al New Deal norteamericano, a la Unión Europea, al Banco Mundial, Naciones Unidas, Fondo Monetario, etc., etc., etc. La Unión Soviética, el Nazismo y el Fascismo mussoliniano fueron parte de todo ello, pero también es parte de todo ello la teoría marxista de la plus-valía, que siempre implica, para sus partidarios, la paradoja de tener que recurrir a la fuerza y la coacción para rechazar la coacción de la racionalidad instrumental.

La concentración del poder en una burocracia central fue la denuncia permanente de Hayek en toda su filosofía política[113], y su tan mal entendida defensa de los derechos individuales implica, para mí, la defensa de la vida íntima, de relaciones entre personas que no pasen por el ala de la política y las decisiones de los burócratas, burócratas que en Feyerabend se convierten en esa pléyade de expertos que constituyen los modernos inquisidores de la antigua ilustración. Se ha dado, sí, una racionalización del mundo de la vida, una pérdida de la intimidad en manos de la burocracia estatal, pero esa racionalización no es la "lógica capitalista", sino el constructivismo de suponer que la sociedad es un orden deliberado. La superación de esa racionalización no pasa por paradójicas planificaciones neomarxistas que intenten contrarrestarla (cosa que se podría llamar "la dialéctica de la dialéctica frankfurtiana del iluminismo") sino por la recuperación de las libertades individuales entendidas como la recuperación de la intimidad personal, recuperación que conlleva un riesgo que nuestros contemporáneos no quieren correr: equivocarse, sin que la diosa ciencia venga a protegernos, por medio de los nuevos reyes filósofos contemporáneos.

4.3. Modernidad e iluminismo, otra vez.

Hasta ahora hemos hablado del "iluminismo", y nada más, pero no quisiéramos dar la impresión de que lo asociamos como tal con la modernidad, de modo que la dialéctica del iluminismo

---

[113] Sobre todo, en *Derecho, Legislación y Libertad*, op.cit.

de Feyerabend quede como un ataque más el tan maltrecho concepto de modernidad. La distinción entre modernidad e iluminismo, como dos procesos culturales distintos, es clara en la obra de M. F. Sciacca, quien distingue claramente un renacimiento y humanismos "cristianos" en oposición a elementos "pre" iluministas que se daban ya en los siglos XIV, XV y XVI[114]. Pero el autor que clara y distintamente distingue ambos procesos es F. Leocata, en todos sus libros y ensayos[115]. La importancia de todo esto para nuestro ensayo es que, incluso en nuestros términos, la modernidad es algo culturalmente positivo, incluida la ciencia "moderna"[116]. Esto es, debemos distinguir al *contenido* de la ciencia moderna (y su evolución contemporánea) de las *actitudes positivistas y constructivistas denunciadas* en este ensayo. Como vimos, la crítica de Feyerabend no es un rechazo a los contenidos de la cien-

---

[114] Ver su *Historia de la filosofía*, Luis Miracle Ed., Barcelona, 1954, y "Galileo, filósofo", en *Estudios sobre filosofía moderna*, Luis Miracle ed., Barcelona, 1966.

[115] De Leocata, ver: *Del iluminismo a nuestros días*, Ediciones Don Bosco, Buenos Aires, 1979; *Las ideas filosóficas en Argentina*, II, Centro Salesiano de Estudios, Buenos Aires, 1993; *La vida humana como experiencia del valor, un diálogo con Louis Lavelle*, Centro Salesiano de Estudios, Buenos Aires, 1991; *Persona, Lenguaje, Realidad*, Educa, Buenos Aires, 2003; *El problema moral en el siglo de las Luces, El itinerario filosófico de G.S.Gerdil*, Educa, Buenos Aires, 1995; *Los caminos de la filosofía en la Argentina*, Centro de Estudios Salesiano de Buenos Aires, Buenos Aires, 2004; "Sciacca, pensador de un tiempo indigente", Estrato de Michele Federico Sciacca e la filosofía Oggi, Atti del Congreso Internazionale, Roma, 5-8 aprile 1995; "Idealismo y personalismo en Husserl", Sapientia, (2000) Vol LV, fasc. 207; "El hombre en Husserl", Sapientia (1987), Vol. XLII; "Pasión e instinto en B. Pascal", Sapientia (1984), Vol. XXXIX; "Modernidad e Ilustración en Jurgen Habermas", en Sapientia (2002), Vol. LVII. Para Leocata, lo que caracteriza al iluminismo es su "voluntad de inmanencia" y un positivismo cerrado al horizonte metafísico. Por eso nosotros siempre hemos pensado que la modernidad, pensada "in abstracto" fue un intento de maduración de tres elementos que ya se encontraban implícitas en el medioevo: distinción entre autoridad civil e Iglesia; noción de derechos personales, y una mayor distinción de campos entre la fe, la filosofía y las ciencias positivas (lo hemos sistematizado en nuestro ensayo "Modernidad e iluminismo", Libertas (1989), 11). La ciencia que emerge con Copérnico, Galileo, Kepler, Newton, no tiene nada que ver con el positivismo, con la razón instrumental, ni con la ciencia impuesta por la fuerza denunciada en este ensayo.

[116] Nos referimos a la ciencia desde Copérnico para adelante.

cia occidental ("Un instrumento esencial para conseguir esta madurez fue un mayor conocimiento del hombre y del mundo".) sino el monopolio cultural de esos contenidos traducido a una imposición forzada de los mismos. Por eso el título de su ensayo (y habíamos prometido esta reinterpretación): "Adiós a la razón": no es adiós a la razón como tal, sino a una razón *impuesta por la fuerza*.

Ser partidario de las críticas de Feyerabend a una ilustración que no advirtió en su seno esa "nueva especie de inmadurez" no es por eso ser "antimoderno"; *no* es poner en un mismo plano (como hacen algunos) al *contenido* de la ciencia que va de Copérnico a Einstein *junto con* la razón instrumental, el iluminismo, el positivismo, la voluntad de dominio, el olvido del ser, etc. Es pasar, sencillamente, de la razón positivista a la razón dialógica, que incorpora en su seno la comprensión, la comunicación y la convivencia pacífica con todo aquello que no es esa ciencia. Por supuesto, históricamente, modernidad e iluminismo, en todos los planos, se mezclaron, e incluso no habría que preguntarse si la modernidad "conceptual" que nosotros distinguimos del iluminismo no ha quedado culturalmente fagocitada por este último, incluso y tal vez sobre todo en sus aspectos políticos. Por eso dice F. Leocata: "Po dría así decirse que el humanismo moderno es un ideal que nuestra cultura no ha todavía alcanzado debido a una pseudoasimilación iluminista"[117]. Esto es importante, porque encaja en la noción de nueva ilustración. La "nueva" ilustración es ya modernidad más que ilustración, en la medida que incorpora una razón dialógica que se aleja del ideal positivista de una ciencia "gobernante". De ese modo podría decirse que sí, que efectivamente la modernidad, en la ciencia, es un ideal no alcanzado, y que tal vez pudiera darse en un futuro cuando la razón occidental, en todo los ámbitos, pero sobre todo en el científico, incorpore el diálogo, la distinción de estado y ciencia y la consiguiente convivencia pacífica con otras formas de concebir la racionalidad, o

---

[117] En *Del iluminismo a nuestros días*, op.cit, p. 434.

(que no es lo mismo) con formas de vida que juzguemos equivo-
cadas pero que tienen su derecho a no ser coaccionadas por el derecho a la intimidad personal.

4.4. ¿Feyerabend el revolucionario?

Una última duda que debemos despejar es la siguiente. La
nueva ilustración, que se concreta en la separación entre estado
y ciencia. ¿Es un plan de gobierno? ¿Es una nueva revolución social?

Por un lado, como todo proyecto emancipatorio, lo es. Su
propuesta supone una crítica a nuestras creencias culturales más
profundas y un cambio de 180 grados en nuestro modo de concebir a Occidente. Feyerabend "revoluciona", pone "para abajo"
lo que nuestra cultura considera en el pináculo de la verdad y el
poder (la ciencia). Desde ese punto de vista, sí.

Pero no hay en los escritos de Feyerabend nada que indique
una propuesta social revolucionaria, con o sin violencia, planificada, contradiciendo así esa razón "evolutiva" que propone Hayek. Ello es coherente: la razón dialógica nunca es violenta, no sólo
físicamente, sino tampoco lingüísticamente o social mente. En palabras de Feyerabend: "La separación del Estado y de la ciencia
(racionalismo) –parte esencial de esta separación genérica entre
el estado y las tradiciones- no puede ni debe introducirse por medio de un único acto político: son muchos los que aún no han alcanzado la madurez necesaria para vivir en una sociedad libre
(esto se aplica sobre todo a los científicos y otros racionalistas).
Los miembros de una sociedad libre deben tomar decisiones sobre cuestiones de carácter básico, deben saber cómo reunir la información necesaria, deben comprender los objetivos de tradiciones distintas de la suya y el papel que desempeñan en la vida de sus
miembros. La madurez a la que me estoy refiriendo no es una virtud intelectual, sino una sensibilidad que únicamente puede adquirirse por medio de asiduos contactos con puntos de vista diferentes. No puede ser enseñada en las escuelas y es inútil esperar
que los "estudios sociales" creen la sabiduría que necesitamos.
Pero puede adquirirse a través de la participación en las iniciativas

ciudadanas. Por esa razón, el *lento* progreso y la *lenta* erosión de la autoridad de la ciencia y de otras instituciones igualmente pujantes que se producen como resultado de estas iniciativas son preferibles a medidas más radicales: las iniciativas ciudadanas son la mejor y la única escuela que por ahora tienen los ciudadanos libres"[118]. No leemos este párrafo como el de un soberbio que dice "ustedes no están maduros para lo que yo propongo": debe tenerse en cuenta que este párrafo es tres años posterior a su libro del75 y conserva gran parte de las ironías de esa época; en este caso, se está dirigiendo a los científicos.

Sin embargo, hay una sana concepción de lo que el contexto de interpretación de una sociedad (contexto pragmático) puede decodificar lo que nuestras propuestas puedan "significar" a nivel sintáctico y semántico. Es ese tipo de comprensión la que debe "madurar", lentamente y sin enseñanzas racionalistas, como está claro en el final del párrafo. Esta actitud permite, a su vez, buscar sin ansiedades la solución de problemas complejos, como qué hacemos con los menores o los límites de la convivencia inter-cultural, que dependen de cada circunstancia histórica concreta[119]. Se puede proponer un *set* de instituciones más liberales[120] pero ninguna de ellas implicará el final de la historia ni la aplicación "definitiva" de las ideas liberales de Feyerabend. En ese sentido, propuestas que permitan una mayor libertad de enseñanza, o respeten la objeción de conciencia en ámbitos cada vez más extensos, van en la línea de lo que Feyerabend piensa sin necesidad de "planificar" una revolución que incurriría en las aporías y en las dialécticas de toda razón instrumental[121].

---

[118] En *La ciencia en una sociedad libre*, op.cit., p. 124.

[119] "A la tercera, que no todos los principios comunes de la ley natural pueden aplicarse de igual manera a todos los hombres, por la gran variedad de circunstancias. Y de ahí provienen las diversas leyes positivas según los diversos pueblos": Santo Tomás de Aquino, *Suma Teológica*, I-II, Q. 95, a. 2 ad 3 (Porrúa, México, 1975).

[120] Lo hace Hayek en el libro III de *Derecho, Legislación y Libertad*, op.cit.

[121] En este sentido, y dentro de esta perspectiva evolucionista, pueden ser incorporadas las preocupaciones de aquellos que vean en este planteo una perspectiva demasiado anarquista que rozara ese espíritu revolucionario que estamos rechazando. Ri-

5. Conclusión

Nadie sabe el curso de la historia. Hemos sido expulsados del paraíso y "*Dios creó al hombre en un principio y lo dejó al albedrío de su propio consejo*. Y nuevamente: *ante el hombre, la vida y la muerte, el bien y el mal, lo que a él le agradare, eso se le dará*", cita Santo Tomás de Aquino, y no de casualidad, cuando está tratando del tema del libre albedrío y la Providencia[122]. Tal vez *nunca* se logre nada de lo que Feyerabend sueña; tal vez la ciudad del hombre, después del pecado original, sea siempre una selva hobbesiana. O tal vez no. No sabemos, sencillamente nadie lo sabe. Lo que sí sabemos es que no disfrazaremos el canto de las sirenas emancipatorias: que la palabra del filósofo no sea nunca un entretenimiento estético, sino agudo aguijón de nuestras creencias culturales: "Si el discurso de hoy debe dirigirse a alguien, no es a las denominadas masas ni al individuo, que es impotente, sino más bien a un testigo imaginario, a quien se lo dejamos en herencia para que no perezca enteramente con nosotros"[123]

---

cardo Crespo me ha comentado que es necesario un *ethos* común para que una convivencia funcione, que pondría un límite a una convivencia de culturas tan amplia como la que aquí propongo. No lo niego en absoluto, simplemente, *en esta situación histórica me preocupa el énfasis que debemos hacer en el deber del diálogo entre diferentes*, presuponiendo acuerdos institucionales mínimos, desde luego, como condición necesaria, aunque no suficiente, para que puedan entenderse.

[122] En su *Suma Contra Gentiles*, libro III, cap. 73 (BAC, Madrid, 1967).
[123] Horkheimer y Adorno, *La dialéctica de la Ilustración*, op.cit., p. 301.

Made in the USA
Columbia, SC
21 August 2024

40417016R00061